民法研究レクチャーシリーズ

グローバリゼーションの中の消費者法

松 本 恒 雄

JN061233

信山社

は し が き

　2021年5月に，大村敦志教授から志のある高校生向けの民法のレクチャーの一環として，消費者法の講義をしないかとのお誘いをいただいた。ちょうど，独立行政法人国民生活センター理事長の職を退任して，9年ぶりに大学での授業に復帰した直後であり，経験したことのないオンラインの講義でとまどっていたところだった。民法レクチャーの講義は翌年の予定だったので，そのころには対面授業もでき，ライブ講義の感も戻っているだろうと楽観してお引き受けした。2022年は，4月1日から成年年齢が満18歳に引き下げられ，高校生の一部が成人扱いになるという，高校生にとって激変の年だということも，講義をやってみようという気になった理由の一つである。

　本書は，2022年6月25日に，東大法学部の会議室で，高校生及び一部大学生を含めて小人数で行った講義とその後の質疑応答を活字にしたものである。2021年末に大村教授から提案された講義タイトルは，「グローバリゼーションの中の消費者法」というたいへん魅力的ながら大きなスケールのものであったので，半年ほど寝かせて考えながら内容を構築して，当日の講義に臨むことになった。

　国民生活センター理事長時代も，一般消費者向けのセミナー，消費者団体向けのセミナー，国や地方公共団体の行政職員向けのセミナー，消費生活相談員向けのセミナー，教員免許の更新のための教員向けセミナーなどを行う機会は多かった。もっとも，今回のような法学そのものに一定の関心をもっている高校生向けの講義は，法

学部学生向けの講義と前述のような各種社会人向けの講演との中間の位置を占めているというのが，やってみての実感である。実際に法学部に進学した学生のみなさんにも，今後の本格的な勉強を始めるにあたって参考になると思われる。

　質疑応答もかなり充実したものとなった。土曜日の午後全部をつぶして，講義と質疑応答におつきあいいただいた生徒のみなさんと大村教授に感謝する。

　2023 年 3 月

松 本 恒 雄

目　　次

グローバリゼーションの中の消費者法

松本先生の紹介

　松本恒雄先生は 1952 年のお生まれで，京都大学法学部を卒業後，広島大学・大阪市立大学を経て，長く一橋大学で研究・教育に当たられました。ご専門は民法・消費者法で，特に 2008 年に日本消費者法学会の初代理事長，2009 年に内閣府消費者委員会の初代委員長を務められるなど，研究・実務の双方で日本の消費者法学をリードされてきました。理論と実用のバランスのとれたお考えをお持ちで多数の研究業績がありますが，私自身は「トピックス消費者法」というご著作に感銘を受けました。一橋大学を定年前に退職されて、2020 年までは調査・情報提供などの面で消費者行政を担う国民生活センターの理事長を務められ，現在は，明治学院大学客員教授として国際消費者法の講義をされています。本日は，「グローバリゼーションの中の消費者法」というテーマでお話をいただきますが，民法・消費者法の双方において国際的にも活躍をされている先生ならではの視野の広い，将来を見渡すようなお話が伺えるものと期待しています。今年の私のセミナーでは，法源・裁判・人・物・契約・責任などの基本概念を取り上げましたが，法制度が社会の中でどのように働いているのか，という点に注意しつつ，聴いていただくとよいかと思います。

（大 村 敦 志）

は じ め に

　ご紹介頂きました松本でございます。最初に自分の経歴との関係で少し前置きのような話をさせていただきます。

≫ 司法試験と法科大学院について

　法学部を目指そうという意識のある方であれば，司法試験のことは，当然ご存知だと思いますが，私は司法試験の問題作成と採点を担当する考査委員という仕事を延べ13年間しました。旧司法試験制度の最後10年間を担当してこれでお役御免と思っていたら，考査委員による試験問題漏えい事件という不祥事の関係で，法科大学院の現職教員以外から考査委員をということで，急遽，国民生活センターの理事長を務めながら再登板し，新制度でさらに3年間従事しました。在任期間としては一番長いのではないかと思います。

　法科大学院についても，一橋大学の法科大学院の設立準備段階からずっと関与していて，院長も努めました。2006年の第1回新司法試験の結果が出た時に，1人だけ受験して合格したので合格率100％となった大学を除けば，東大を抜いて一橋が合格率でトップになりました。

　学生の偏差値からいえば東大の方が上であることは事実で，東大のように放っておいても自分で勉強して受かるような学生ももちろんいますが，それより少し下のレベルの学生を鍛えて，一橋の法科大学院として目指す法律家になってもらおうという姿勢で取り組ん

だのが，成功したわけです。

　当時の法科大学院の学生に言っていたのは，「自助と共助と公助が重要だ」ということです[1]。この3つについては，みなさんも聞いたことがあると思います。自助，自分で自分を助ける。公助，公が助ける。それから共助，ともに助ける。自分で勉強する。大学がそれをきちんとサポートする。そして，一番重要なのは，実は共助なんです。

　仲間をつくって，議論をしながら，一緒に勉強する。これはすごく効果があったと思っています。そこから展開したのが，「あなたが受かれば，私も受かる」という気構えでやれということです。それがうまく回っていったということがあります。

≫ 議論と説得の学問としての法律学

　法律学は理系の学問とは違って，天才が取り組むという分野ではありません。常識のある人が，より良い社会をつくる方向に少しだけ引っ張っていくというような分野です。だから，突飛な能力よりは，他者を論理的にきちんと説得できる能力，既存のルールや考え方をうまく組み合わせて，他者に納得してもらい，自分がよいと思う方向に少し持って行ける能力が重要です。議論と説得の学問だといってもよいでしょう[2]。

　どんな結論にでももっていける人のことを，古い言い回しで，三百代言と言いました。これは，銭300文で相手を巧みに言いくるめる代言人（弁護士の旧称）を揶揄した言葉です。しかし，目指す方向こそが重要なのです。国連SDGs（持続可能な開発目標）の16番目のゴールにjustice，正義というのがあります。法律家が目

指しているのは社会正義です。正義の内容については，人によって
異なる可能性がありますが，自分なりの一定の判断，社会に対する
価値観に基づいて法律論を組み立てていって，相手を説得できる能
力を磨いてもらいたいです。論理的な説得力と自分自身の価値観を
きちんと持つということです。「ホットな心とクールな頭脳」を持
てということも，学生によく言っていました。

　消費者法は，社会問題としての消費者問題に対する社会や法律家
の意識の中から，一定の価値判断に基づく積み重ねでつくられてき
た学問であり，法律分野です。決して論理，ロジックだけでやって
いるわけではありません。これは問題だ，救済する必要がある，差
し止める必要がある，という正義感から，消費者問題に取り組む弁
護士が，一生懸命にいろいろな理論を組み立てて，裁判を行って，
負けても負けてもやっているうちに世の中が少しずつ変わってき
た，というのが実態です。

》 表題からの 3 つのポイントと講義の流れ

　大村先生から，民法レクチャーシリーズの中で「グローバリゼー
ションの中の消費者法」というテーマで講義をするようにという依
頼を昨年受けました。このテーマについて考えてみると，ポイント
は 3 つあると思います。

　第 1 のポイントは，グローバリゼーションです。開国して諸外
国と対等につきあっていくために必要だとして，日本の民法ができ
たのは，今から 120 数年前のことでした。これはまさにグローバ
リゼーションの産物です。それが，紆余曲折しながら発展してき
て，現在に至っているわけです。

第2のポイントは，民法と消費者法の関係です。民法のレクチャーの中で消費者法を取り上げるということは，民法と消費者法はどういう関係にあるかを論じることになります。重要なのは，その主体，主人公が，民法と消費者法では少し違うということです。民法は色がない人，無色透明な人。消費者法は，色つきの人です。

　第3のポイントは，インターネットとデジタル化です。このことが，近代日本が歩みを始めた明治期のグローバリゼーションと現在のグローバリゼーションとの大きな違いを生み出しています。インターネットを利用すれば，消費者でも簡単に国境を越えることができます。デジタル化に伴う生活というのは，必然的にグローバリゼーションの中にあります。

　これらの大きな3つのポイントを踏まえて，まず第1章で，120数年前の民法制定期のグローバリゼーションについて，第2章で，民法と消費者法の関係について，第3章で，インターネットやデジタル化に伴う消費者問題について，第4章で，現在の消費生活のグローバル化に伴う紛争解決や被害防止の問題について取り上げるという順で，「グローバリゼーションの中の消費者法」の現状に触れるということにします。

第1章　輸入された法律と法律学

≫ 明治日本の法律と法律学

　明治維新は，1868年のことで，それからもう150年を越えました。数年前に明治150年ということで，いろいろな記念行事が行われたことを覚えている方もいるでしょう。おもしろいのは，この後で詳しい話をしますが，消費者行政に政府が取り組み始めて，消費者保護基本法という法律ができたのが，1968年だったということです。明治維新から100年という切れ目のよい年に，消費者法の礎ができたという感じがあります。

　近代化を進める日本にとって，法律を整備することは，大きな仕事でした。海外諸国との不平等条約を改正するためには，日本に近代的な法制度ができることが必須とされていました。それによって外国人も裁けるようになるまでは，治外法権が続くことになるからです。

　しかし，外国人も納得のできる近代的な法の整備は，簡単ではありません。江戸時代の考え方で法律をつくるわけにもいかないから，近代的な欧米の法制度を学んで，それに基づいて法律をつくる必要があります。だから日本の優秀な若者がアメリカやヨーロッパに留学したり[3]，あるいはアメリカやヨーロッパの学者が，いわゆる「お雇い外国人」，高給で雇われた専門家として日本にやってきました。民法の世界だと，ボワソナードというフランス人が有名で，必ず教科書にも出てきます。最近も慶応義塾大学名誉教授の池

田真朗先生が，わかりやすいボワソナードの本[4] を書いていますから，機会があれば読んでみてください。

　そういうお雇い外国人が中心になって，日本人の学者がそれをサポートするという形で多くの法律がつくられてきました。

　民法に関しては，ボワソナードが，フランス民法の考え方をもとに，それを独自に発展させたかたちでつくった旧民法と言われているものがあります。フランス民法典は 1804 年に，当時のフランス皇帝ナポレオンが制定させたものです。それから 100 年弱の発展を経て，ボワソナードがつくったのが 1890 年に公布された旧民法です。

　しかし，いろいろな事情があって，この旧民法は施行されないままに廃止されています。その後，日本人だけの起草により，条文を修正したり，入れ替えたり，あるいは 19 世紀末には，ドイツがヨーロッパで勢力を伸ばしており，ドイツ民法典というものが新しくつくられていた時期ですから，ドイツ法の考え方も取り入れた新しい民法が起草されました。新しい民法の一部には，イギリスのコモン・ロー（これは制定法ではなく判例法です）の考え方も入っていると指摘されています[5]。

　何度も改正されながら現在にまで至っている現行の民法は，ボワソナードが起草した旧民法と区別して，明治民法とも呼ばれますが，財産法部分が 1896 年に，家族法部分が 1898 年に公布され，1898 年からともに施行されているものです。明治民法は，フランス民法とドイツ民法のちゃんぽんに，イギリス法などいくつかの外国法の考え方を少しトッピングしているという感じでつくられているということです。

　19 世紀から 20 世紀への転換点の頃というのは，明治時代の約 3 分の 2 が経過した時期に当たります。

≫ 三層構造の日本民法

　次の大正時代になると，日本の学者，特に民法学者は，みんなドイツに留学したり，あるいはドイツの研究書を読んで勉強したりして，ドイツの民法の考え方を，そのまま日本の民法を説明するのに使うという状態が出現しました。日本の民法には，ドイツ民法的な考え方でできている部分が多くあるのは事実ですが，かなり異なったフランス民法的な考えでつくられている部分もあります。しかし，それらについてもドイツ民法的に解釈をするという学問傾向が非常に強くなり，このような現象を「学説継受」と言います[6]。

　法典継受は明治のことですが，継受してできあがっている民法を説明するための理論をドイツから学説として輸入したという意味です。だから法律も輸入品，学説も輸入品，しかも，法律と学説がずれているという状況です。

　その後，日中戦争に続いて太平洋戦争に突入し，第二次世界大戦後，国の仕組みが大きく変わって，裁判所がかなり独立した権限を発揮するようになってきます。訴訟の種類や件数も増えてきます。そうなると，今度は，裁判所が，現実の問題に合わせて民法の解釈をして，問題解決に適合的な理論を打ち出していくということが始まります。戦後，日本の裁判所により，判例法という民法がつくられていくという時代が来ます。

　ちょうど私が学生の頃の 1970 年に，三省堂から『模範六法』という六法が出版されました。それ以前に学生が使っていたのは，法

令だけを収録した小ぶりの六法，多くの法令を収録した大六法と対比して，小六法と呼ばれていたものだったのですが，模範六法は，条文に重要判例を付した一回り分厚い六法でした。

　なぜ，この時期に判例付き六法が出て，みんながそれを買うようになったのかというと，判例を知らないと民法を知っていると言えない時代になったからです。裁判所が，独自の解釈論，現実にあった解釈論を展開するようになってきたので，判例を無視しては民法を勉強できないという状態になりました。現在では，『模範六法』以外にも，判例付きの六法がいくつか出ています。そういう時代になっているということです。このように判例の法源性が重視されてきたことから，判例自体を対象とした研究も非常に盛んになっています。

　以上から，最初の条文というテキストに書いてある民法（テキスト民法）と，それからドイツの学説を日本に輸入してつくられた学者の民法理論（学説民法），これに加えて判例によってつくられた民法理論（判例民法）という三層構造で，三層が少しずつずれているという状況が続いてきたのです[7]。だから。民法の勉強をするというのはたいへんで，3つの違ったレベルのことを知っていなければならないという高度な理解力が必要でした。

　学説に関しては，個々の学者によって異なることがありますが，昔は，民法でいえば我妻栄先生のような圧倒的なリーダーがいましたから，その先生が言っていることが，だいたい「通説」と呼ばれていました。現在では，このようなスーパースターがいないので，何が通説かはわかりにくくなっています。そのため，有力な学者が言っている考え方を「有力説」，比較的多数の学者が言っている考

え方を「多数説」と呼び，学説民法はやや混沌とした状態です。

　民法の，とりわけ債権法部分は，2017年に大幅に改正をされ，2020年4月から施行されています。この2017年改正の狙いはいくつかありますが，こういう三層構造のわかりにくい民法を一層化しようということがその1つであったことは明らかです。基本は，判例が打ち立てた考え方のうち，大方の民法学者が認めているものは条文に取り込んでいこうということでした。また，従来の条文のおかしな表現は少し直しましょうということもありました。100％実現できたわけではないけれども，そういう方向で行われたということです。

　判例法は国産ですが，法典と，その後に継受された学説というのは輸入品だったというところがあります。

≫ 輸入法学の欠点と補正の必要性

　輸入法学は，外国と対等にお付き合いするために必要だからということで，外国のよいところを持ってきています。その結論部分とか表面的な部分は輸入していますが，もっと根っこにある社会に対する考え方までは輸入できていないわけです。表面的な部分の輸入に止まってしまっているので，何か理論倒れのようなところが，条文の解釈のときに出てくる，頭でっかちの議論になりがちだというところが欠点としてあります。公法と私法，つまり行政規制などの国家や自治体と私人との関係に関わるルールと，私人間の関係に関わるルールとを峻別する。刑事法と民事法，犯罪に関するルールと私人間の取引に関するルールとを峻別する。そういう峻別論が，日本では非常に顕著だという感じがあります。

この点は，消費者法を研究していると，とりわけ感じることです。海外の法制では，もう少し柔軟に，公法と私法，行政法と民事法がつながっていたり，刑事法と民事法がつながっていたりするところがあります。

　多くの研究者は，今でも，海外の制度や海外の最新の研究を紹介するということを，私自身も含めて行っています。その中の一つの潮流は，「輸入元の海外，たとえばフランス法はこうだった，あるいはドイツ法はこうだった。それが日本に輸入される時に少し歪んで持ち込まれているところがある。元のオリジナルな国の法律は，こういう方向で現在発展している」という感じで論じて，ある問題についての日本の民法の解釈のあり方を示すという手法です。オリジナルな法律の再評価にもつながります。

　とりわけ大正時代の，ドイツ一辺倒の学説継受から，戦後は，今度はフランス法のルネッサンス，日本の民法は半分くらいがフランス法だから，もっとフランス法的な考え方を再評価しましょうという主張が有力になり[8]，このような研究が現在でも主流になっています。

　ドイツ法研究にしても，フランス法研究にしても，これらは元になった国の法律に立ち返って研究しましょう，それで日本法のあるべき姿を考えましょうというやり方です。他方で，そういう系譜に関わる問題はあまり重視しないで，現実の問題との関係で日本において役に立つ具体的な立法や解釈論的な考え方を提示するための，実用的な外国法研究ということも行われています。

　とりわけ消費者法や環境法といった現代的課題に対する政策志向型研究では，系譜論的な研究ではない研究がかなり行われていま

す。

　ただし，ある政策，考え方を実際に法律に落とし込んでいって，新しい法律をつくったり，既存の法律を改正したりする場合，日本には内閣法制局という役所があって，そこを説得するのがなかなかたいへんです。伝統的な考え方とそんなに矛盾はしないということを説得的に法制局の役人に説明をすることが必要になってきます。

　先ほども言いましたように，ある結論，あることを実現するために，従来の理論をうまく組み合わせて説得力のある提案ができるかどうかという能力が，ここでも重要になるということです。

　以上が，民法典の輸入を中心としたグローバリゼーションの話でしたが，次に消費者問題に入っていきます。

第2章　消費者問題と民法・消費者法

(1)　消費者問題と政府の対応

≫ 経済の発展と消費者問題

　経済発展と消費者問題，それから環境問題は密接な関係にあります。消費者問題に対応するための消費者法と環境問題に対応するための環境法は，経済発展によって促されてきたと言うことができます。なぜかというと，経済発展をすれば必ず環境破壊が起こり，大量消費者被害が起こるからです。

　経済発展のシンボルとしてわかりやすいのが，夏期オリンピックの開催国です。オリンピックを開催できるということは，その国がかなりの経済発展を遂げているという証拠です。

　コロナ禍で1年遅れの2021年夏に，日本で2回目の東京オリンピックが開催されましたが，1回目の東京オリンピックは1964年です。ということは，60年代の日本は，右肩上がりのかなりの経済発展をしていたということです。

　韓国でのソウルオリンピックは，1988年です。最初の東京オリンピックから遅れて24年後のことです。1960年代の日本と同じような状況で，経済発展をしており，消費者問題も多数生じていたし，環境破壊も起こっていました。

　中国はどうかというと，2008年ですから韓国から遅れて20年後です。この頃，私も仕事の関係で頻繁に中国を訪問していましたが，とりわけ北京の大気汚染が本当にひどかったです。夏でもマス

クをしてないと花粉症のような症状になりますし，冬はもっとひどくて，隣のビルが見えないくらいでした。

　夏期オリンピックで見れば，日本と韓国と中国は，20年くらいずつの差を置きながら経済発展をしてきて，同じような環境破壊や大量消費者被害という問題を繰り返してきたということです。

　日本の消費者庁ができたのが，2008年の北京オリンピックの翌年の2009年です。消費者庁を設置するに至るファクターはいくつかありますが，その一つが，2007年末に発生した中国製冷凍餃子事件です。中国で製造され，日本に輸入された冷凍餃子に農薬が混入していたことにより，それを食べた複数の家庭で中毒事件が発生したというものです。事件が発生した県がそれぞれ別だったこともあって，事故情報の集約ができておらず，新たな事件の発生を防止できなかったことが反省されました。そこで，商品や役務の安全に関する事故情報を中央で集約するための組織として，消費者庁をつくろうという判断がされたわけです[9]。このように，中国が原因の問題が，日本の消費者行政を一歩進めたというところがあり，消費者庁の設置はグローバリゼーションの副産物といってもよいでしょう。

≫ 政府の取り組み

　次の表は，環境問題と消費者問題に対する政府の取り組みについて，歴史的に対比しています。

年	環境問題	消費者問題
	水俣病（水銀），新潟水俣病（水銀），イタイイタイ病（カドミウム），四日市ぜんそく	食品公害（森永ヒ素ミルク，カネミ油症），薬害（サリドマイド）
1964	最初の東京オリンピック	
1967	公害対策基本法	
1968		消費者保護基本法
1970	公害国会	
1971	環境庁設置	
1993	環境基本法	
2001	環境省設置	
2004		消費者基本法
2009		消費者庁・消費者委員会設置

　まず，環境問題です。今だから環境問題と言いますけれども，昔は公害問題と言っていました。公害という言葉，害に公という言葉をつけると，個々の公害の排出源である企業の責任があいまいになるようなところがあって，使われていたのではないかという気がします。

　四大公害訴訟というのを聞いたことがありますか。水俣病というのが熊本と新潟で発生しており，それぞれ工場から排出されたメチル水銀が，海や川に排出されて，それに汚染された魚介類を食べた住民に有機水銀中毒の症状が出たという事件です。イタイイタイ病は，鉱山の製錬に伴う未処理廃水に含まれていたカドミウムが川を通じて下流の水田の土壌に流入し，そこで生産された米にカドミウムが混入し，それを常食していた農家の人々にカドミウム中毒の被害が生じたというものです。四日市ぜんそくは，石油化学コンビ

17

ナートの工場から排出された硫黄酸化物等の大気汚染により，住民
にぜんそくなどの被害が生じたというものです。

1967年に，これらの公害問題に対応するために，公害対策基本
法が制定されました。

右側の消費者問題の方を見ると，まず，食品の中に有害なものが
混じっていてそれを飲食した多数の人が病気になったというのが，
森永ヒ素ミルク事件やカネミ油症事件です。ヒ素ミルク事件は，粉
ミルクの凝固防止のための安定剤として添加されていた第二リン酸
ソーダに不純物として大量のヒ素が含まれていたために，この粉ミ
ルクを飲んだ乳児にヒ素中毒の症状が出たというものです。カネミ
油症は，米ぬか油の製造プロセスで，触媒として使用されていたポ
リ塩化ビフェニール（PCB）が，製造された米ぬか油に混入し，そ
れを料理に使っていた消費者に PCB 中毒の症状が生じたというも
のです。

今だと「食品公害」という言い方はせず，欠陥製品事故とか，製
造物責任の問題と言い，環境問題とは全く別の問題として議論して
いますが，昔は「公害」として同じような感じで議論していたとい
うことです。

次に，薬害，あるいは薬品公害と呼ばれていたものとしては，サ
リドマイド事件が有名です。サリドマイドは睡眠薬ですが，妊娠中
のお母さんがこの薬を自分の精神安定用に服用していて，生まれて
きた子どもに障がいが発生したという事件です。

1968年には，消費者保護基本法ができていますから，公害対策
基本法とだいたい同じような時期に「基本法」という名前の付いた
法律ができて，政府としての対応を始めたということになります。

　しかし，この後の環境問題への対応の動きが早くて，環境庁は
1971年に設置されています。そして，1993年の環境基本法への改
正を経て，省庁再編がされた2001年には環境省が設置されている
のです。

　環境問題への対応と比べると消費者問題への対応の方はずいぶん
遅れました。消費者保護基本法ができたのはほぼ同じ頃だったけれ
ども，そこから「保護」という表記を外して，消費者の権利の擁護
と自立の支援という基本理念を入れた，消費者基本法という法律に
なったのが2004年です。環境基本法への改正から11年差がつい
ています。さらに専任の官庁が消費者庁として設置されたのが
2009年ですから，環境庁に比べると38年遅れです。消費者省に昇
格できるかどうかは，全く見通しがありません。最初は同じような
時期に問題が発生しているのですが，政府の取り組みとしては，う
んと差がついているということです。

≫ 消費者基本法にみる基本的施策

　1968年に消費者保護基本法として制定されて，2004年に改正さ
れた消費者基本法には，国が消費者問題に対して取るべき基本的な
施策が列挙されている章があります。

　まず，「安全の確保」（11条）があり，ついで「消費者契約の適正
化等」（12条）があります。これらは，消費者の被害救済という点
からは，民法の問題と密接に関係してきます。

　次に，「計量の適正化」（13条）は，「はかり」の問題です。はか
りの問題というのは実は消費者問題の歴史的な原点と言われていま
す。つまり，量をごまかすことが，消費者問題の最初の一歩だった

のです（笑）。だから量をごまかせないようにするのが，消費者保護の基本のようなところがあって，今でもはかりには「正」という漢字を丸で囲んだ丸正マークが付いていることが，その名残です。

　「規格の適正化」（14条）。規格には，電気用品安全法の PSE マークのように，安全基準を満たしていないと出荷できない強制規格もあれば，国際標準化機構（ISO）の定める国際規格や日本の規格である日本産業規格（JIS）のように，強制はされていないけれども，規格を満たしていないと取引に応じてもらえないなど競争面で不利になるように働く任意規格があります。商品や役務に適切な規格が定められ，規格を満たしていることを表示やマークで示していることは，消費者が商品を選択する際の利益になります。

　「広告その他の表示の適正化」（15条）は，「不当景品類及び不当表示防止法」（景品表示法）やその他の表示関係の法律に絡んできます。

　「公正自由な競争の促進等」（16条）は，「私的独占の禁止及び公正取引の確保に関する法律」（独占禁止法）が主として扱っている問題です。

　「啓発活動及び教育の促進」（17条）は，消費者教育の問題です。

　「意見の反映及び透明性の確保」（18条）は，消費者の声を国の政策に反映させようということで，行政の説明責任（アカウンタビリティ）や政策決定への消費者参加を意味しています。

　「苦情処理及び紛争解決の促進」（19条）は，事業者と消費者の間に生じたトラブル解決のために，裁判上あるいは裁判外の紛争処理の仕組みを充実させようということです。今回の講義のテーマである消費生活のグローバリゼーションから生じたトラブルをどうすれ

ばうまく解決できるかということも，その内容の一部です。

　さらに，現代的な課題として，「高度情報通信社会の進展への適格な対応」（20条），は，今回の講義の主要テーマでもあるデジタル化への対応の問題です。

　「国際的な連携の確保」（21条）も，今回の講義の主要テーマであるグローバリゼーションへの対応の問題です。

　それから「環境の保全への配慮」（22条）。消費者問題を議論するときに環境の問題を避けることはできません。消費者も，環境の保全のために，また国連 SDGs の達成のために，いろいろな責任を負っているということです。

　最後に，「試験，検査等の施設の整備等」（23条）。これは 14 条の「規格の適正化」とも絡んできます。法律が「こうしなければならない」と決めていたり，業界が自主的な基準として定めているルールがたくさんあるわけですが，それらを満たしているかどうかの試験や検査，認証ができないと消費者にとって意味がありませんから，このような仕組みを充実させるということです。

(2)　消費者政策の手法

≫　消費者政策の波

　消費者政策が政府によって意識的に行われるようになったのは 1960 年代，東京での最初のオリンピック開催の前後からです。とはいえ，それより前の時代において，消費者保護のための行政施策がまったく行われていなかったわけではありません。他の目的のために制定された法規の執行において，結果的に，あるいはついでに消費者保護もある程度実現されていたと言うことができます。とは

いえ，まだ意識的な政策ではなかったということです。

　1960年代に始まった政府による消費者政策は，次に列挙するように，時代の変化とともに新しい手法が，次々と新たに押し寄せてくる波のように現れ，重層化しています。昔の手法が新しい手法にとって代わられ，顧みられなくなるということではありません。

≫ 第一の波は「行政規制と相談による被害救済」

　1960年代に消費者政策が始まったころ，一番重視されていたのは行政の役割でした。

　行政規制では，企業の参入の段階で行政がチェックすることを通じて，消費者保護も実現するという事前規制が中心でした。その後，事前規制は競争制限につながるおそれがあるということで，だれでも事業に参入できるけれども，一定のルールを守らない場合には退場を命じられるという事後規制を重視した行政規制も行われるようになってきています。

　他方で，何か問題が起こった場合には，地方公共団体の機関である消費生活センターや，当時は国の特殊法人であった国民生活センターが，消費者からの相談に応じて，解決の手助けをするという形でした。

　つまり，入口と出口のところだけを行政が対応するというのが，最初の消費者政策のやり方でした。このような特徴を端的に表しているのが，当時の政府の文書では，「消費者政策」という用語は使われず，「消費者行政」という用語を使っていたことです。行政がすることが消費者政策のすべてだったことを意味しています。

　このため，新しい消費者問題が生じるたびに，「○○規制法」，

22

「××取締法」といった法律が次々とつくられてきたのです。それが 1980 年代まで続きました。

≫ 第二の波は「民事ルールの整備」

　1970 年代ぐらいから製造物責任の議論が始まっていましたが，製造物責任法の制定が本格的に議論され始めたのは 1990 年代に入ってからです。日本のバブル経済が弾けて，これではいけない，規制緩和や行政改革で経済構造を変えなければならないという議論が始まったのと同じ時期です。規制緩和をする代わりに，消費者に自ら行使できる権利を与える民事ルールをもっと整備しようという動きを政府がとるようになります。

　製品の欠陥が原因となった事故によって被害を受けた消費者を，民法の不法行為法に基づく場合より，容易に救済することを可能にする製造物責任法が 1994 年に制定されました。また，事業者と消費者との間の契約において，詐欺や強迫という民法上の取消事由がなくても，不実告知による誤認や一定のタイプの困惑させる勧誘によって締結させられた場合には，消費者はその契約の意思表示を取り消すことができるとか，一定のタイプの不当な契約条項は無効だとする消費者契約法が，2000 年に制定されました。

≫ 第三の波は「市場を活用した消費者政策」

　2000 年代に入って，新しい手法，行政規制でもない，民事ルールでもない第三の手法として出てきたのが，市場を活用した消費者政策という発想です。行政規制のための法律や民法・消費者契約法といった法律を直接使うのではなくて，むしろ市場メカニズムをう

まく活用して消費者の利益の実現を図るとともに，誠実な事業者の利益も実現しようという手法です。具体的には，事業者による自主行動基準の策定・公表やコンプライアンス経営が，これにあたります。

　第一の波の行政規制にせよ，第二の波の消費者に有利な民事ルールにせよ，いずれも利益の相反する事業者と消費者という対立型の構図，ゼロサムの世界を前提として消費者利益を図ろうとしています。ところが，多数のプレイヤーが存在する市場という大きな視野でみると，悪質事業者や悪意のある消費者は少数で，まっとうな事業者とまっとうな消費者が大多数を占めているわけです。まっとうな消費者の利益が守られ，まっとうな事業者が収益をあげられるというWin–Win（双方勝ち）の状況を作り上げるために，市場をうまく活用しようというのがこの第三の波の発想です。

　消費者基本法の基本的施策のところで取り上げた「規格の適正化」は，この第三の波の重要なツールです。第三の波は，国家の制定した法律というハードローではなく，直接的な強制力のない規格や標準，事業者や事業者団体の自主行動基準といったソフトローを活用して，事業者に自主的な取り組みを促すことによって，消費者の利益を確保するとともに，そのような消費者志向の事業者が消費者から支持されて市場における競争上優位に立てるようにしようとするものです。ソフトローというのは，ローという名前がついていますが，裁判で使えるものではなくて，そこで示されているやり方や考え方を尊重してビジネスをやらないと，取引の相手方から拒否されて，不利になるというような間接的なやり方です。このような手法が成功するためには，消費者が事業者の取り組みを評価して，

その事業者を選択することが前提になります。そのための消費者の意識改革や啓発も必要です。

≫ 第四の波は「消費者団体の権利と消費者の社会的責任」

　さらに 2010 年代になると第四の波ともいえる状況が現れます。消費者団体や個々の消費者の役割を重視するという手法です。一方で，消費者団体に一定の権利を与えて，市場において個々の消費者では担いきれない役割を果たさせようとしています。その内容は，この後でお話しします。

　他方で，個々の消費者に，消費行動における社会的責任を自覚させる，持続可能な消費（sustainable consumption）あるいはエシカル消費が強調されています。具体的にはプラスチックゴミを減らしましょうとか，食品ロスを減らしましょうという運動です。これには，行政のみならず，消費者団体も積極的に取り組んでいます。国際的な消費者団体組織であるコンシューマーズ・インターナショナル（Consumers International）は，毎年 3 月 15 日を「世界消費者権利の日」（World Consumer Rights Day）としていろいろな取り組みを行っています。その 2020 年のキャンペーンテーマは，「持続可能な消費者」（The Sustainable Consumer）で，2021 年のテーマは「プラスチックゴミ削減」（Tackling Plastic Pollution）でした。これらは，国連 SGDs のゴール 12「つくる責任つかう責任」とも対応しています。

2020年の世界消費者権利の
日のキャンペーンテーマ

2021年の世界消費者権利の
日のキャンペーンテーマ

国連SDGsのゴール12の
英語ロゴ

国連SDGsのゴール12の
日本語ロゴ

（3）消費者法の構造

≫ 消費者の保護から自立の支援へ

　2004年の消費者基本法の改正によって，もともとは，前述の第一の波に見られるように，事業者と消費者との間に生じるトラブルに対して，行政が，一方では強い立場の事業者を規制し，他方で，

弱い立場の消費者を行政サービスとしての相談などによって支援するというかたちでした。第二の波を経て，消費者の支援の中身が，第一の波の頃とは，少し変わってきました。消費者に権利を与えて，自分でその権利を行使して，自立できるようにするとか，そのような消費者による権利行使や消費者の社会的責任を自覚した消費者市民を育成するための消費者教育を行うという方向になってきています。したがって，第二の波以降は，裁判や裁判外での紛争解決の際に消費者が使える民事ルールを整備していくということが，消費者政策の大きな課題になってきています。

≫ 消費者法の構成要素

　現在の消費者法は，かなり広くなっており，いろいろな分野の法律が関係しています。

①　行　政　法

　最初は行政規制中心に行っていたことから，行政法としての消費者法があります。これは，消費者「保護」という上から目線の発想が強いです。

　まず，縦張りの業法です。各省庁が，自分が主管する産業を発展させるための法律をそれぞれ持っていますから，その中に消費者保護的な要素を少しずつ取り入れているというものです。

　すべての業界に共通に適用される行政規制ルール，横割りの行政規制ルールは景品表示法のみで，これは消費者庁が執行を担当しています。昔は公正取引委員会が，独占禁止法の関連法として執行していたのですが，消費者庁ができた時に公正取引委員会から切り取って，消費者庁に移管された法律です。

「特定商取引に関する法律」（特定商取引法）も当初は経済産業省が所管し，消費者庁に移管された法律ですが，いわゆる業法とは異なって，業の発展・振興自体は目的としていません。問題となる取引類型について，事業者に一定の義務を課すことによって，消費者の保護をはかるものです。義務違反に対しては，行政庁の勧告や命令が出されたり，刑事罰が科されたりします。

② 民事実体法

次に，民事実体法，民事ルールです。私人間の問題に適用される民法，あるいは民法から派生した民事特別法があります。事業者と消費者との間で裁判になれば適用されるルールです。大きく分けると安全に関するルールと取引に関するルールがあります。安全に関するルールとしては，先ほど言った 1994 年制定の製造物責任法があり，民法の不法行為の特別法です。取引に関するルールとしては，2000 年制定の消費者契約法があり，民法の契約の特別ルールということになります。

いささかややこしいですが，事業者を規制するための行政法の中に，民事ルールが入っていることがあります。本籍は行政法だけれども，その中に契約を解除できるとか，申込みを取り消せるというルールが増えてきています。訪問販売で契約を締結した者は，契約内容等を記載した書面の交付を受けた日から 8 日以内であれば，契約を解除できるというクーリングオフの権利（特定商取引法 9 条）がこの典型です。これに対して，製造物責任法や消費者契約法は，行政規制とまったく無関係の純粋民事ルールです。

③ 民事手続法

それから，民事手続法という分野でも消費者法が増えてきていま

す。実体法と手続法という分け方をしますが，権利があるか無いか
を決めるのが実体法で，裁判をすることをできるのは誰か，どうい
う要件が備わっていれば裁判をすることができるかといったことを
決めているのが手続法です。一定の消費者団体に，公益的な見地か
ら事業者相手に裁判をする権利を認めるという法律の整備が，最近
進んでいます。

　まず，2006 年の消費者契約法の改正で，事業者の不当な勧誘行
為や不当な契約条項の使用を差し止める権利が，適格消費者団体と
しての認定を受けた消費者団体に与えられました。事業者が，消費
者に一方的に不利益を負わせるような契約条項を契約書の中で使っ
ている場合に，そのような契約条項を使用するなという訴訟を起こ
すことができます。

　「消費者の財産的被害等の集団的な回復のための民事の裁判手続
の特例に関する法律」（消費者裁判手続特例法）は，2013 年に制定さ
れ，2016 年から施行されているものです。この法律は，たとえば，
同じ事業者に対して支払った代金の返還を求める消費者が多数いる
場合に，特定適格消費者団体としての認定を受けた消費者団体が，
それらの消費者の権利を代表して行使し，第 1 段階の手続で事業
者の販売手法の違法性といった共通の論点部分については，特定適
格消費者団体と被告事業者との間だけで決着を付けてもらえます。
後は，第 2 段階の手続に消費者が個別に参加して，実際に支払っ
た額を示す領収書などを提出すれば，簡単に返還を受けることので
きる金額が確定するというものです。

　この手続が使われた有名な例として，皆さんにも少し関係があり
ますが，医学部の入学試験で，女性や数回浪人している受験生が差

別をされたという事件がありました。原告となった特定適格消費者団体が勝訴しましたが，返還が認められたのは受験料などにとどまりました。

　さらに，後で詳しく触れますが，日本の消費者と海外の事業者との間の消費者契約に関する裁判を，日本の消費者は，日本の裁判所で行い，日本の消費者法を適用して救済してもらえるということになっています。

　④　刑　事　法

　消費者法としての刑事法は，かなり限定的です。2006 年の「組織的な犯罪の処罰及び犯罪収益の規制等に関する法律」（組織的犯罪処罰法）の改正と「犯罪被害財産等による被害回復給付金の支給に関する法律」（被害回復給付金支給法）の制定に基づく被害回復給付金支給制度があります。これは，詐欺罪や「出資の受入れ，預り金及び金利等の取締りに関する法律」（出資法）違反などの法所定の犯罪行為により犯人が得た犯罪被害財産を没収・追徴し，それを検察官が被害者に分配するという仕組みです。

　組織的犯罪処罰法の改正のきっかけとなった事件は，指定暴力団系のヤミ金融業者の資産約 2 億 8000 万円を，警察が組織的犯罪処罰法違反を理由に押収したことに始まります。組織的犯罪処罰法では，犯罪収益等については国が没収することができます（同法 13 条 1 項）が，それが「犯罪被害財産」（犯罪行為により被害者から受けた財産）であるときは，没収することができないとされています（同法 13 条 2 項）。本来，被害者が犯罪組織から取り戻すべき財産を国が没収してしまうべきではないという理由からです。しかし，多数の被害者がヤミ金融業者相手に返還訴訟を起こすことは期待でき

ないので，このままでは押収した金銭のかなりの部分を没収できず，ヤミ金融業者に返還されることになるおそれがありました。また，海外に逃避された資産約29億円をスイス当局が犯罪収益として差し押さえたものの，国際間の相互主義を前提として，日本がその返還を受けるためにも，犯罪収益の没収・追徴に関する仕組みの改正が不可避となったわけです。そこで，「犯罪行為により受けた被害の回復に関し，犯人に対する損害賠償請求権その他の請求権の行使が困難であると認められるとき」は没収することができる旨の例外規定（同法13条3項）が新設されるとともに，被害回復給付金支給法によって，没収した犯罪収益を被害回復給付金として被害者に支給できる制度が整備されました。

≫ 企業を取り巻くステークホルダー

　ステークホルダーという言葉は聞いたことがあると思います。

　資本主義経済は基本的には企業を中心にして考えます。企業活動によって何らかの影響を受けるすべての者，あるいは企業活動に何らかの影響を与える者のことを企業のステークホルダー（利害関係者）と言います。このような観点からの企業のステークホルダーとしては，たとえば，次のような者が考えられます。

○株主　　　　　　　　　○競争事業者
○投資家　　　　　　　　○地域住民
○従業員・労働者　　　　○融資金融機関
○消費者　　　　　　　　○監督官庁・規制当局
○取引先　　　　　　　　○地方公共団体

○外国政府　　　　　　　○次世代の人々
○原材料供給国の生産者　○動物
○原材料供給の労働者　　○その他

≫ ステークホルダーから見た法

　企業とそのステークホルダーという観点から眺めると，様々な法律の多くは，企業と特定のステークホルダーとの関係を規律しているものだということがわかります。

　株主や投資家との関係を考えているのが，会社法や金融商品取引法ということになります。

　企業と従業員・労働者との関係を規律しているのが，労働法です。

　消費者との関係を考えているのが，消費者法です。

　取引先との関係は，一般的な民法や商法の対象ですが，取引における優越的地位の濫用などの不公正な取引方法の問題になると，独占禁止法も関係してきます。

　地域の住民との関係では，環境法の問題が大きいですし，地域の雇用確保とか地域貢献という問題も入ってきます。その意味では，地方公共団体も大きな利害関係を持ち，その条例も重要になります。

　さらに，まだ生まれていない次世代の人々というのもステークホルダーです。たとえば，ISO は，国連 SDGs に関する多数の規格を発行していますが，その共通のガイドラインともいうべき ISO ガイド 82：2019「規格において持続可能性に取り組むためのガイドライン」は，持続可能性（sustainability）を「将来の世代が自らの

ニーズを満たす能力を損なうことなく，現在のニーズを満たすことができる，環境的，社会的，経済的側面を含む，地球システムの状態」と定義しています。

　また，動物については，昔は，物の一種として考えられていましたが，現在は，人ではないけれども，単なる物でもない，人と物との中間のように位置づける法律論が国際的には主流になってきています[10]。日本では，「動物の愛護及び管理に関する法律」（動物愛護法）があって環境省が所管していますが，国際的には，「愛護」というよりは，「動物福祉（animal welfare）」と表現しています。

　このように，どのステークホルダーとの関係の問題かということで，新しい法律分野が増えてきています。法学部でのカリキュラムにもこれらが反映しており，伝統的な六法系科目以外の講義が増えています。

　労働法は，昔から司法試験の選択科目でしたが，消費者法は，選択科目になっていません。新司法試験が始まる前に，消費者法の研究者グループで，「消費者法を試験科目にしてください」という要望を出したのですが，「民法とどこが違うの？」と言われて却下されました。その頃は，民法の債権法改正の議論が始まった時期で，消費者契約法等の民事ルールを民法に統合するという案が有力だったということもあります。この案は，その後の議論の中で採用されないことになりました。

　民法との結びつきが強いのは事実です。実際，2008年に設立された日本消費者法学会の初代理事長は民法学者の私でしたし，その後の2人の理事長も著名な民法学者です。消費者保護のための行政規制が行われるようになったり，あるいは消費者契約法のような

民事特別法ができたりするまでは，消費者被害の救済のために，民法の理論を適用できるように一生懸命工夫して考えながら頑張っていたので，消費者法は民法の応用でしょうと言われると，そういう面は否定できません。ただし，先ほど少し紹介したように，民法の応用というだけではもはや収まらない部分が相当でてきているということも事実です。

　先ほど述べた高度成長のもう一方の副産物である環境問題に対応するための環境法は，選択科目になっています。今の環境法は行政規制と経済メカニズムの活用が中心です。だから行政法各論のようなところがありますが，昔は，環境を保護するために企業や人々の行動を規制する法律はあまりありませんでした。そこで，環境被害，すなわち公害による被害からの救済のために，弁護士や学者は，やはり民法の理論，不法行為の損害賠償とか，差止請求とかを駆使して頑張っていました。だから，年配の環境法学者には，民法の不法行為の専門家が多いのです。

(4)「人」と「消費者」
≫ 民法における「人」

　民法での法主体は，「人」ですが，民法でいう「人」には，自然人と法人の両方が含まれます。

　自然人というのは，実は法律の条文にでてくる言葉ではなく，学問上使われている言葉です。法律を学んだことのない普通の人が「自然人」という言葉を聞くと，すごく違和感を持つようです。じゃあ「人工人間」，「サイボーグ」というのがあるんですか，今だと，「アバター」があるんですか，という感じでしょうか。自然人

というのは，生きている人という意味です。人としての権利を認められているけれども，生きていない人というのが会社などの法人です。民法で人という場合には基本的に両方を含みます。

　しかし，消費者というのは，生きている人に限られます。だから，自然人と消費者には共通するところが多いです。そういう状況の中で，「個人」という用語が，2017年の民法改正で財産法の条文の中に突如入りました。それまでは「個人」という用語は，「この法律は，個人の尊厳と両性の本質的平等を旨として，解釈しなければならない。」（民法2条）という民法の解釈基準を定める条文に出てきているだけでした。この条文は，「配偶者の選択，財産権，相続，住居の選定，離婚並びに婚姻及び家族に関するその他の事項に関しては，法律は，個人の尊厳と両性の本質的平等に立脚して，制定されなければならない。」という婚姻に関する憲法24条2項に近い響きをもっていますね。

　民法への「個人」概念導入の中心になったのは，個人根保証に関する規定です。根保証というのは，金額の定まった特定の債務の保証をするのではなく，今後の継続的な取引や金融機関からの融資に関わる取引において，債務者が負担する可能性のある将来の不特定の金銭債務を保証するという契約です。保証人としての負担が，将来，予想を超えた額になる可能性があるので，そのような根保証人となる個人を特別に保護するために，保証人の負担する最高限度額（極度額）をあらかじめ定めておかないと，個人根保証契約は無効だとして，個人の保護を図っています。もっとも，条文上は，「保証人が法人でないもの（以下「個人根保証契約」という。）」（民法465条の2第1項）となっており，「個人＝人−法人」という引き算の定

義になっているところが，民法のやや苦しいところです。

　個人根保証の場合以外にも，保証人が個人である場合にのみ適用される特別の規定がいくつか新設されています。

≫「人」のデフォルト値

　法人と個人を合わせて「人」であって，財産法の面では，上記の保証の場合を除いて，同じ立場に立つということです。では，その個人も含めた「人」は，どのようにとらえられていたのでしょうか。

　日本の民法は，フランス法やドイツ法を参考に19世紀末にできたものです。19世紀型の民法における人というのは，抽象的な概念であるとともに，一応想定モデルがあります。それは，「財産と教養のある市民」であり，そこでは，「人」は，家産経営者としての家長のようなイメージでとらえられています。

　しかし現実の個人は，そのような「人」に限りません。個人には，いろいろな人がいますし，多様な側面を持っています。消費者ということも，その個人の属性の一つです。個人で事業を営んでいる個人経営者の場合は，事業者としての側面も持っていますが，生きている限り，消費者としての属性を捨てることはできません。個人には，欲張りで，騙されやすく，愚かな人がたくさんいます。現在放映中のNHKの朝の連続テレビ小説「ちむどんどん」は，沖縄と東京が舞台ですが，そこに出てくる主人公のお兄さん（ニーニー）は，手軽に儲けることばかり考えていて，いつも詐欺商法に引っかかって騙されるという，ちょっと漫画的なところのある典型的な消費者です。

　「財産と教養のある市民」というデフォールト値でとらえられている民法の「人」を少し修正して，現実の個人である消費者に合わせたルールにするということが，民法の特別法としての消費者法の役割です。そして，それが少しずつ実現してきたところがあります。そういう状況の中で，今度は，いったん民法から分かれた消費者法のルールをもう一度民法に吸収するとか，あるいは，すべての人に適用される一般ルールとして取り込んでもよいのではないかという議論が出てきています。

　たとえば，オランダでは，民法の中に，適用範囲を消費者に限定しない形で，「状況の濫用」という消費者保護的な条文が直接入っています。フランスでは，消費法典という消費者保護関係の条文をまとめた大部の法律がありますが，民法自体にも，2016年と2018年の改正で，「経済的強迫」という消費者保護的な条文が一般ルールとして入りました。

　ドイツは別のやり方をとっており，民法の中に，消費者取引にだけ適用される条文が含まれています。EUが求める消費者保護のための共通ルールを国内法化するにあたって，民法の中で規定するという方針をとっているのです。

　日本でも2017年の民法改正に向けた法制審議会の部会では，消費者契約法の民法への統合や消費者契約法と民法との間にリンクをつける条文を置くといった案が議論されましたが，結局，従来型を続けることになりました。また，フランス民法の経済的強迫に近い条文をおくという案も最終的に採用されませんでした。そういう意味では，ヨーロッパに比べると日本はまだ遅れているところがあります。

≫「合理的経済人」の擬制

　民法は，合理的な経済判断のできる人，自分の判断で取引を行ってリスクも引き受けることができる人を念頭に置いたルールを定めているので，そうではない人，たとえば十分に成熟していない未成年者（18歳未満）は，別扱いにしています。また，高齢者が典型ですが，成人の中で十分な判断力がなくなった人についても，成年後見のための諸制度を利用することによって，別扱いすることができるようになっています。しかし，そうではない普通の大人は，いくら愚かな人でも，民法の世界では同じように扱われています。

　ただし，不当性が高い，詐欺や強迫による意思表示（契約の申込みや承諾）の場合は，その意思表示を取り消すことができる（民法96条）とか，錯誤による意思表示も取り消すことができる（民法95条）となっています。さらに，公序良俗に反する法律行為は取り消すまでもなく，無効とされています。高齢者が現に居住している住宅を，特段の理由もなく，市場価格と比べて非常に安い値段で強引に買い取り，暴利をむさぼるような契約は，暴利行為として公序良俗違反で無効だという判決が出ています[11]。これは民法の枠内でも，あまりにもひどい内容の取引はアウトにできるということです。

≫ 未成年者による契約

　皆さんの大部分は未成年ですよね。満18歳になると大人扱いですから，特別な保護は受けられません。しかし，18歳になるまでは，お小遣いの範囲内で行った契約は取り消せないし，親からどのように使ってもよいと言われてもらったお金の範囲内の契約も取り

消せないですが，そのような特別の事情がないのに，親の同意なし
に契約をした場合は取り消せます。これは，18歳未満で，判断力
が十分にないからということで定型的に処理されます。

　よく問題になるのが，スマートフォンを使ってオンラインゲーム
をして，有料の課金を繰り返して，ゲーム会社から高額の請求が来
たというような場合に，支払義務はあるのかという点です。ゲーム
サイトは年齢を一応確認しているはずですが，どの程度きちんと確
認しているかによって，取り消せるか，取り消せないかの判断が分
かれる可能性があります。

　というのも，年齢を偽った場合は取り消すことができないとい
うルールが民法21条にありますから，未成年なのに成人ですと言っ
たら，これはもうだめです。しかし，「18歳以上」というボタンし
かないような場合，ゲームをやりたいために，平気でそのボタンを
押してしまう人もいるでしょう。そこで，もう少し慎重に，「未成
年者の場合は親権者の同意が必要である」旨を申込み画面で明確に
表示・警告し，生年月日等を記入させるような仕組みにしておかな
いと，年齢を偽ったとは評価できないということが，経済産業省が
つくった「電子商取引及び情報財取引等に関する準則」[12] に書いて
あります。この「準則」というのは，民法その他の電子商取引関係
に適用される種々の法律の解釈の指針を示すガイドラインです。

≫「格差」と「消費者の脆弱性」

　消費者基本法の1条に，「消費者と事業者との間の情報の質及び
量並びに交渉力等の格差」にかんがみ，「消費者の権利の尊重及び
その自立の支援その他の基本理念を定め，国，地方公共団体及び事

業者の責務等を明らかにするとともに，その施策の基本となる事項」を定めると書いてあります。

　消費者と事業者の間では，情報の質と量の格差はたいへん大きいです。事業者はいっぱい情報を持っている，消費者は持ってない。だから，事業者は情報を正確に表示しなさい，積極的に提供しなさい，嘘をついてはいけませんというかたちの法律の規定が多数あります。交渉力についても，事業者の方が強いです。

　この条文では，情報と交渉力に加えて「等」の格差と書いてあります。いったい，この「等」として，どのような格差がさらに考えられるでしょうか。

　消費者は，生身の人間ですから，お腹が減ったり，トイレに行きたくなったり，眠たくなったりします。長時間勧誘されると，これらの点で消費者の弱さが出て，あらがいきれなくなるところがあります。

　また，行動経済学は，人間というのは，そもそも合理的な判断ができないところがあると指摘しています。ヒューリスティクスという英語の表現が日本語でもそのまま使われていますが，人間というのは昔の野生の時代から今までの間，世の中の危険な状況に直面した場合に，素早く判断をしてその危険から免れるために，じっくり考えて答えを出さなくてもよいような判断回路を持っていると言います。じっくり考えて判断する能力もあるけれども，さっさと判断して行動に移す部分が残っていて，そこにうまくつけ込まれると，簡単に騙されてしまうところがあるということです。

　単に情報を与えればよいというほど単純なものではないという，このような行動経済学の問題提起をどう考えるかが，現在の消費者

法の課題の一つです。

　さらに，単なる子どもとか，認知症で判断力の衰えた高齢者というのではなくて，いつもは冷静な普通の大人でも，身内の不幸などがあった直後はすごく落ち込んでいて，そこにうまくつけ込まれて騙されるというようなことがあります。普段はどうもないけれども，たまたま今日は調子が悪かったというような，消費者の状況依存型の脆弱性をどのように保護するかというのも，現在の消費者法の課題です。

》 消費者契約法における消費者と事業者

　消費者契約法は，「『消費者』とは，個人（事業として又は事業のために契約の当事者となる場合におけるものを除く。）をいう。」（同法 2 条 1 項）と定義し，「『事業者』とは，法人その他の団体及び事業として又は事業のために契約の当事者となる場合における個人をいう。」（同法 2 条 2 項）と定義しています。すなわち，個人は基本的に消費者ですが，自営業者である個人が事業として行為している場合は事業者になります。

　問題なのは消費者契約法が，個人が行動する場合は，消費者として行動しているか，事業者として行動しているか，どちらかだという定義をしていることです。言い換えれば，世の中の個人は，事業者と消費者のどちらかだ，あるいはどちらかしかないとしていることです。

》 消費者に当たるか

　消費者契約法は，消費者契約とは消費者と事業者との間の契約で

あると定義しています（同法2条3項）が，以下の事例が消費者契約に当たるかどうかを少し考えてみてください。

　たとえば，個人経営で，自宅で開業している散髪屋さんが，電話機を設置する契約をした場合，それは消費者として契約していることになるのか，事業者として契約していることになるのか。

　また，投資用のワンルームマンションを，企業で働いている個人が購入して，誰かに賃貸している場合，このワンルームマンションの購入契約は消費者契約に当たるのか，それとも事業のための契約になるのか。あるいは，株投資をしている個人とか。メルカリに出品した個人はどう考えればよいのか。

　学生のクラブや同好会が，合宿をするために，ホテルの会議室を予約したり，スポーツ施設を予約した場合，消費者として契約していることになるのか。マンションの管理組合は，生活者という消費者の集合体ですが，これは消費者ですか。団体は，そもそも事業者だというのが消費者契約法2条2号の定義だから，そのまま適用すると，これらの団体は消費者ではないという結論になってしまいます。消費者団体も，消費者の集まりなのに，団体だから消費者ではないということになります。

　ウーバーイーツの配達の仕事は，満18歳以上が要件なので高校生はあまりしていないと思いますが，配達員は個人事業者なのか労働者なのかという点が世界中で問題になっています。いわゆる，ギグワーカーとかフリーランスと言われているタイプの働き手が増えている新しい経済の中で，労働法の世界がすごく揺れています。消費者法の世界も，いずれ揺れてくると思われます。

第3章　デジタル化と消費者

（1）インターネットとオンライン取引
》若者の消費者トラブル

　2022年4月1日から成年年齢が18歳に引き下げられるのを目前に，同年2月，国民生活センターが，新たに成人になる18歳，19歳の人向けに，「気をつけてほしい消費者トラブル最新10選」という情報提供をしています[13]。

・副業・情報商材やマルチなどの"もうけ話"トラブル
・エステや美容医療などの"美容関連"トラブル
・健康食品や化粧品などの"定期購入"トラブル
・誇大な広告や知り合った相手からの勧誘など"SNSきっかけ"トラブル
・出会い系サイトやマッチングアプリの"出会い系"トラブル
・デート商法などの"異性・恋愛関連"トラブル
・就活商法やオーディション商法などの"仕事関連"トラブル
・賃貸住宅や電力の契約など"新生活関連"トラブル
・消費者金融からの借り入れやクレジットカードなどの"借金・クレカ"トラブル
・スマホやネット回線などの"通信契約"トラブル

　この10個のトラブルの中に，オンライン，あるいはデジタル化に関わるトラブルと考えられるものが4つ含まれています。

　まず，「健康食品や化粧品などの定期購入トラブル」です。これ

は，お試しのための見本のような感じで，安い値段が設定されています。1回だけのお試しの値段だと思って注文したところ，実はあと何回分かのセットでの購入が条件になっていて，その最初の1回の分だけ，この安い値段ですという詐欺的商法です。1回だけの取引だと思っていたのに，定期購入であり，トータルすると実は高額商品になっていたというものです。ネット上の表示を隅から隅まで読めば，どこかに何回分のセットだとか書いてあるのでしょうが，通常，消費者はそこまで全部読むわけではないので，1回目の安い値段の表記に引っかかってしまうわけです。後で詳しく述べるダークパターンの一種です。

　次に，「誇大な広告や知り合った相手からの勧誘など"SNSきっかけ"トラブル」です。SNSがきっかけとなった消費者トラブルは，とても多いです。まったく知らない人とSNSで知り合いになって，簡単に利益をあげられる方法がありますからということで，マルチ商法や暗号資産の取引に誘われるといったケースが多いです。

　それから，「出会い系サイトやマッチングアプリの"出会い系"トラブル」です。知らない人と友達になれる。あるいは，お付き合いする異性を探してくれるというマッチングアプリで知り合った相手に，恋人商法の感覚で高額の商品を買わされたというようなケースや，相手が異性になりすまして，実際に会わないままに，お金だけ支払わされるというケースが多いです。あるいは，若者より少し上の世代の女性が被害者になる国際ロマンス詐欺というものもあります。外国人の素敵な男性だと思わせておいて，日本の少しだけお金にゆとりのある女性を騙すというものです。

最後に,「スマホやネット回線などの"通信契約"トラブル」があります。

≫ 大阪府消費生活センターの教材

大阪府消費生活センターが, 2017年につくった『身近な事例で学ぶ高校生向け消費者教育教材』[14] もたいへん役に立ちます。成年年齢の18歳への引き下げで一番影響を受ける高校生向けに消費者教育をきちんと行う必要があるということで, 事例をふんだんに入れています[15]。

事例の1つ目は, ゲームです。「無料で遊べるオンラインゲームで知り合った人から, 別のゲームサイトを紹介され登録した。その日のうちに登録を取り消したが, そのサイトから『8万円を今日中に支払うように。支払わなければ法的手段に訴える』とメールがきた。」というものです。こういう相談が, すごく多いです。「『カード会社からオンラインゲームの利用料金約2万円の請求があったが, なぜか』と保護者に問いただされた。ゲームの利用については友だちに教えてもらい, 無断で保護者のクレジットカードを持ち出して使っていたが, 年齢確認画面を16歳にするとゲームができなかったので, 20歳以上と入力していた。」というものもあります。

事例の2つ目は, ネット通信販売関係です。「インターネットサイトで, ほしかったブランドのスニーカーを見つけた。キャンペーン中で, 通常の半額以下だったので, 売り切れないうちに, と急いでお金を振り込んだ。商品が届くとデザインや色が少し違っていた。返品しようと販売サイトにメールしても返信がない。電話番号も載っていない。」というものです。この種の相談も多いです。

大阪府消費生活センターの高校生向け消費者教育教材

　事例の３つ目が，サクラサイトです。今，サクラという表現はあまり使いませんが，サクラサイトというのは，普通のお客さんのように見せかけて，実は売り主とグルになっている客のことを意味します。「無料SNSサイトで，好きなタレントのページにリンクを張って利用していた。すると，そのタレントから直接メッセージが届き，『事務所に内緒なので別サイトでやり取りしたい』と別のサイトに誘導された。メール交換のためのポイント購入で260万円支払ったが，だまされたのか。」というものです。これはタレント本人ではなく，当該タレントと自称するサクラ，偽者が相手をしてくれているというだけのもので，高額のポイントを購入させています。

　インターネットがらみの消費者トラブルには，ほかにもいろいろ

な事例があります。

≫ OECD 理事会勧告の一般原則

　経済協力開発機構（OECD）という，現在は先進38か国をメンバーとした国際機関が，1999年に「電子商取引における消費者保護のためのガイドラインに関するOECD理事会勧告」を出しました。電子商取引における消費者保護のために，加盟各国は，このガイドラインの考え方で，法整備をしてくださいというものです。私も，この勧告の原案を起草する作業部会に日本代表として参加しています。

　現在のような巨大なプラットフォームも，スマートフォンもない時代の，商品の販売をインターネット経由で行うという単純なイメージで「電子商取引」という言葉が使われていました。

　このガイドラインの基本的な論調は，店舗取引や従前の通信販売などの他の形態の商取引で与えられている消費者保護のレベルを下回らない保護が電子商取引においても確保されるべきだということと，情報経済学や行動経済学からの洞察を政策面で考慮すべきだということです。

　その上で，公正な事業，適正な広告およびマーケティング慣行の確立，オンライン上の適切な情報提供，契約を締結する際の消費者の意思の確認プロセスの確保，代金の支払における消費者の利益の確保，トラブルがあった場合の紛争処理と救済，それから消費者のプライバシーやセキュリティの保護が求められています。さらに，消費者の教育や啓発，消費者のデジタル能力の育成にも触れています。

47

≫ OECD 理事会勧告の改訂

　この OECD 理事会勧告が 2016 年に改訂されて，新たに，「電子商取引における消費者保護に関する OECD 理事会勧告」となりました[16]。OECD は改正の必要性をいくつか挙げていますが，1999 年からの状況の大きな変化として次の 4 点が重要と思われます。

　第 1 に，個人データと引き換えの非金銭的取引が増えたということです。昔は，インターネット上のサービスも，会員制だったり，その場で料金をクレジットカードで支払ったりというタイプが多かったのですが，今は，無料のものが増えています。Google の検索サービスはみなさん重宝していますが，無料です。Facebook などの SNS も無料です。ゲームも，最初は無料でできるものが主流です。

　ところが，無料サービスの利用者である消費者の個人データが事業者のところに大量に集まっているという実情があります。消費者への個別のマーケティング，すなわちダイレクトマーケティングを行う際に非常に有益な個人データが，事業者のものになっています。無料のように見えるけれども，価値のある個人データを提供しているというタイプの取引について，EU では，これは単なる無料の取引だと評価することはできない，代金を払っているのとかなり近いかたちで消費者保護を考えるという方向に動いています[17]。無料だから悪い品質でも文句をいうなというのは，通らないということです。

　第 2 に，物，すなわち有体物ではない，デジタル化された情報そのものであるデジタル・コンテンツの取引やデジタル・サービスの取引と言われているものが，たいへん増えています[18]。

　第3に，消費者が，製品のプロモーションに関与して，宣伝・広告に一役買ったり，あるいは，消費者がメルカリなどのフリーマーケットを利用して売り手に回るという状況が増えています。事業者との境界線上にあるアクティブな消費者の増加です。

　第4に，スマートフォンなどのモバイル機器の使用が増加していることです。昔はみんなスタンドアローンのPCを使っていたのですが，今はスマートフォンを使えば，外出先からでもインターネットにアクセスできます。PCの大きな画面とスマートフォンの小さな画面では，情報量がずいぶん違うというところから生じてくる問題があります。

　また，スマートフォンでオンラインサービスにアクセスすると，いろいろ同意を求められることがありますが，その前提となる当該サービスの契約条件だとか，規約とかを，ていねいに読んだうえで，「はい」とクリックする消費者はあまりいないと思います。

(2) 広告とマーケティング
≫ インターネット上の広告と表示

　従来から広告に関係するルールが消費者法の中にはたくさんあります。広告がきっかけの消費者トラブルが多かったからです。しかし，通信販売の場合を考えてみると，従来の広告の媒体は，基本的に，新聞，雑誌，チラシといった紙か，テレビかラジオでした。紙の場合は，広告を見てから購入のための契約の申込みまでにかなり時間があります。テレビやラジオの場合には，「これから30分以内に注文してください」と言ってあせらせる場合もありますが，広告と契約がシームレスに繋がっているわけではありません。

インターネット上の広告では，広告で商品やサービスに関心をもち，事業者の販売サイトに誘導されて，そのまま契約してしまうというケースが増えてきています。そういう状況で消費者に誤解を与えないような，インターネットにおける広告・表示の適切なルールを考えなければなりません。

特にスマートフォンの画面は限られています。あの画面の中に必要なことを全部記載することは不可能ですけれども，スクロールしたり，リンク先をクリックしたりすることによって，いくらでも情報を増やしていくことができます。画面の有限性とネット上の情報の無限性という問題です。「消費者向け電子商取引における表示についての景品表示法上の問題点と留意事項」[19] という公正取引委員会が 2002 年に示し，消費者庁が引き継いだガイドラインがあります。そこでは，リンク先に何が表示されているのかが明確に分かる具体的な表現を用いること，文字の大きさ，配色などに配慮し，明瞭に表示すること，消費者が見落とさないようにするために関連情報を近くに配置すること，最新の更新時点を正確かつ明瞭に表示することなどを求めています。

重要なことは 1 回クリックするだけで見られるようにすべきであって，何回もクリックしないと，あるいはどんどん先までスクロールしないと，重要な表示が出てこないような記載の仕方は，重要な表示がされていないのと同じで，不当表示になるということです。

≫ ターゲティング広告とクッキー

インターネット広告の技術が進化する中で，日本でのインター

ネット広告費がマスコミ4媒体の広告費を上回り，日本広告審査機構（JARO）に寄せられるインターネットの広告・表示に関する苦情がテレビの広告・表示に関する苦情を上回るに至っています。

　Googleで検索していると広告が多数出てきますが，その後，何日もの間，いつも同じ広告が出てくることがあります。これは，このユーザーは，こういうテーマに関心があるようだということをGoogleがわかっていて，そのテーマに関連する広告を送り込んでくるからです。

　これが行動ターゲティング広告といわれているもので，ユーザーによるサイトの閲覧履歴や商品・役務の購買履歴，ユーザーの位置情報といった行動履歴を収集して，興味や関心，所在地などの情報を解析して，買ってくれそうな商品，役務の広告を送り込み，広告主から広告料を取得します。

　これを可能にしているのが，クッキーという技術です。クッキーとは，事業者のウェブサイトにアクセスすると，ユーザーに特定の識別符号が割り振られ，その他の情報とともにユーザーのPCやスマートフォンに送られてきて，ブラウザーに記録されるというものです。ユーザーがそのサイトを再び訪問すると，その識別符号等が確認されて，以前にやってきた人だということがわかります。さらに，その人が過去においてどのページを見ていたかもわかるので，当該ユーザーの興味のあることが追跡可能になります。

　これを自社のサイトだけではなく，別の事業者のサイトで何を見ていたかもわかるようにするのが，第三者クッキーです。ユーザーがアクセスしているサイトの提供者によるクッキーではなく，第三者が提供するクッキーという意味です。これで，他の事業者のサイ

トで，当該クッキーの保有者が何を見ていたかがわかります。このように多様なサイトから情報を集めることによって，より詳細なユーザーの行動がわかります。氏名などの個人を特定する情報（個人情報）とはひも付かない形で個人の行動履歴を収集し，そのプロフィールを分析（プロファイリング）することは，個人情報保護法上の問題はないとしても，プライバシー侵害にあたるのではないかという指摘があります。

2020年の個人情報保護法改正で，ユーザーが訪れているサイトの閲覧情報等を，第三者クッキーとともに当該第三者に提供する場合，提供元では単なるランダムな文字列のクッキーで個人データに該当しないものであっても，提供先において他の情報と結合することによって個人データとなることが想定される情報（個人関連情報）については，第三者提供の本人同意が得られていることなどの確認が義務づけられました（同法31条）。

また，2022年の電気通信事業法の改正では，電気通信事業者等が利用者のPCやスマートフォンに記録された利用者情報（クッキー情報等）を外部の第三者に送信させようとする場合に，利用者にその確認の機会を付与することが義務づけられました（同法27条の12）。今後，日本でも，第三者クッキーの利用について，確認や同意を求められることが多くなりそうです。

≫ アフィリエイト広告とステルスマーケティング

アフィリエイト広告というのは，たとえば，自分のブログなどで，他人が供給している商品について，その特徴や優れている点，気にいった点などを書き連ね，それを見てその商品を買ってくれた

人がいれば，成果報酬が当該ブロガーに支払われるというような形のものです[20]。このような広告発信者を，アフィリエイターと言います。

　広告だということが明記されていれば，読むほうも割り引いて考えるでしょうから，あまり問題はありません。しかし，いかにも個人の体験であるかのように装っているにもかかわらず，実態は商品供給者の広告だという場合を，隠れ広告という意味で，ステルスマーケティング，略してステマと呼んでいます。現在，消費者庁で，景品表示法の適用の観点から議論が進められています[21]。

　さらに，「アフィリエイターになれば簡単に儲かります」と言ってお金を払わせるという，アフィリエイター希望者を被害者にする詐欺的商法もあります。

≫ クリックミス，入力ミス

　クリックミスや入力ミスということも多いです。注文するつもりはなかったけれども，誤ってクリックしてしまったとか，1 個注文するつもりで，間違えて 10 個注文してしまったとかです。

　そういう単純なクリックミス対応として 2001 年に，「電子消費者契約及び電子承諾通知に関する民法の特例に関する法律」（電子消費者契約特例法）が制定され，2017 年の民法改正に合わせて，「電子消費者契約に関する民法の特例に関する法律」となりました。これは，前述の 1999 年の OECD 電子商取引消費者保護ガイドラインに合わせて，日本でも法律をつくろうという議論をした際に，全体をカバーする大がかりなものをつくるのはたいへんだからということで，対象を絞ってつくった法律です。クリックミスとか入力ミス

というのは，基本的に民法の錯誤（民法95条）にあたります。錯誤による意思表示は取り消すことができますが，発注をする消費者に重大な過失がある場合，すなわち不注意の程度が大きい場合は取り消せないというのが民法の原則です。

　では，クリックミスとか入力ミスは，重大な過失でしょうか，それとも軽い過失でしょうか，という議論の中で，電磁的な方法で行われる消費者契約に限定してルールを定めようということになりました。ここをクリックすれば契約をすることになる旨を消費者に確認させる画面が出てきたのに，また間違えてクリックした場合は，重大な過失だと評価されて取り消せなくなる可能性はある。しかし，確認画面が用意されていない場合，すなわち，1回だけ間違えた場合は，重大な過失かどうかの判断をすることなしに，取り消すことができるというルールにしたのです。事業者側にしてみれば，確認画面を用意しておかないと，後で，錯誤だと主張されて契約がなかったことにされるかもしれないというルールです。

　電子消費者契約特例法は，民法の特則としての民事ルールですが，特定商取引法という行政規制のルールの中でも，もともと顧客の意に反して申込みをさせる行為を禁止していました（同法14条1項2号）。2000年に同法の施行規則が改正され，契約の申込みとなる操作であることが容易に認識可能になっていない場合や，申込み内容の確認・訂正の可能性が与えられていない場合は，この禁止行為違反に当たるとされました。消費者のクリックミス，入力ミスに対して，行政規制と民事ルールの両方で対応したというユニークな結果となりました。

≫ 特定商取引法による規制

　先ほど少し触れましたが，実際は長期間の定期購入契約，いわゆるサブスクリプション契約（サブスク）だけれども，1 回だけの契約だと思わせて，申込みをさせる悪質商法に対して，特定商取引法が 2021 年に改正され，規制が強化されました。すなわち，インターネットでの通信販売業者が，契約の申込み画面を用意している場合には，その画面に，通信販売の広告で表示しなければならないとされているいくつかの事項に加えて，商品・役務の分量も表示することを義務づけました（同法 12 条の 6）。「これはトータル何回分の契約で，総額いくらです」ということを表示することを義務づけたのです。

　訪問販売という，販売業者が消費者の自宅に突然やって来て，いろいろな商品や役務を売り込むという手法については，既に述べたように，契約内容を記載した書面が交付されてから 8 日以内であれば，消費者は思い直して契約をキャンセルできる，クーリングオフできるという制度があります。他方で，通信販売の場合は，オンラインによる通信販売の場合も含めて，このような無条件でキャンセルできるという制度はありませんでしたが，2008 年の特定商取引法の改正で，返品は何日間であれば受け付けるとか，あるいは一切受け付けないといった返品についての特約を広告に表示していない場合には，消費者は商品を受け取った日から 8 日以内であればクーリングオフできるという規定が入りました（同法 15 条の 3）。もっとも，通信販売業者は，どういう場合に解約できるか，できないかをきちんと広告に書いていますから，この権利は実際にはほとんど使われていません。ヨーロッパやアメリカでは，通信販売の場

合，商品を受け取ってから一定期間内であれば，返品できるという制度になっています。日本はこの点で消費者には厳しいです。

≫ ダークパターン

　ダークパターンという言葉は，時々メディアにも出てきますから，聞いたことがある人がいるかもしれません。インターネットのユーザーインターフェースが，トリッキーになっている場合や，消費者を誤解させ，あるいは誤った選択を誘導するような作りになっている場合を，ダークパターンと呼んでいます。

　日本では，種々のダークパターンを法律問題として統一的にとらえるということはしていませんが，いくつかの法律ですでに対応している部分もありますし，まったく対応できていない部分もあります。

≫ ダークパターンのいくつか

　2020 年の OECD の報告書[22] をもとに，ダークパターンのいつかを紹介します。

　①　Roach motel（ゴキブリのお宿）

　ローチというのはごきぶりのことで，ゴキブリのお宿，日本の著名な商品名でいうと，ごきぶりホイホイです。ユーザーは簡単に契約できる，会員になれるんだけれども，やめるときの手間がたいへんかかるというものです。皆さんも経験があるかもしれません。解約のボタンがないとか，解約は電話でのみ可能となっているのに，電話が全然通じないとかです。

② **Disguised ads（偽装広告）**

一般のコンテンツだと思わせて，実際は広告というものです。先ほど少し紹介した，一般ユーザーのような顔をして商品供給者の広告に該当する文章を書いているというステルスマーケティングなどです。

③ **Bait and switch（おとり商法）**

おとりの情報を使ってユーザーに意図しない別の行為をさせることです。Bait というのは餌ですから，餌を撒いてちょっと別の方向に誘導するという感じです。

④ **Sneak into basket（忍び込み）**

これは，ネット上のサイトで買い物をする場合に，ユーザーが選んだわけでもないのに，勝手にショッピングカートの中にその商品が追加されているというものです。

⑤ **Hidden costs（隠された料金）**

これは，ユーザーが購入を終了する直前に，今までどこにも表示されていなかった，手数料などの追加料金が，突然加算されているというような場合です。

⑥ **Hidden subscription（隠されたサブスク）**

1回限りの代金・料金または無料のトライアルを装っているけれども，定期購入や継続契約になっているもので，特定商取引法の2021年改正として紹介した定期購入商法がこれです。

⑦ **Scarcity and urgency cues（品切れ・時間切れ商法）**

品切れになりそうだとか，時間切れになりそうだと思わせて，焦らせて購入させるものです。カウントダウンタイマーが表示されていて，10，9，8，7，という感じであせらせるとか，商品残り何個

ですとかいうような表示で，だんだん数字が減っていくとか，ある
いは，旅行予約サイトだと，「今，ここを見ている人が何人います」
といった表示が出ますが，本当かどうかわかりません。

⑧ **Pressures selling（押し売り）**

ユーザーに圧力をかけて，より高額な商品を購入させたり，関連
商品を抱き合わせで購入させたりするものです。

⑨ **Misdirection（誤導）**

視覚，言語，感情などを利用して，ユーザーを特定の選択に誘導
したり，特定の選択から遠ざけたりする手法です。クリックボタン
に，それを選択することが恥ずかしいような表現が記載されてい
て，それを選択させないようにする Confirmshaming という造語で
呼ばれているものもこの一種です。

(3) キャッシュレス
≫ キャッシュレス決済

オンラインでの取引の場合は，現金で直接に支払うことができま
せん。そのため，従来は，クレジットカードの番号などを入力する
か，銀行や郵便局の振込みを利用するのが普通でした。

代金の支払い時期については，大きく，後払い，即時払い，前払
いと3つあります。カードによる支払であれば，クレジットカー
ドの場合は後払い，銀行のキャッシュカードがそのまま支払にも使
えるというデビットカードの場合は即時払い，あらかじめ支払に必
要な資金をチャージ済みのプリペイドカードの場合は前払いという
ことになります。スイカなどの汎用性の高い鉄道系のプリペイド
カードなどは，電子マネーと呼ばれることもあります。

　プリペイドカードには，利用可能な資金に関する情報をカードに記録しているタイプと，運営事業者が管理するサーバーに記録しているタイプがあります。後者は，コンビニなどで購入して，知らされた番号を相手方に通知するだけで支払ができるので，カードすら不要です。そのため，「資金決済に関する法律」（資金決済法）では，プリペイドカードは，「前払式支払手段」と呼ばれています。

コンシューマーズ・インターナショナルによる 2022 年の世界消費者権利の日のキャンペーンテーマは，「公正なデジタル・ファイナンス」

　後払いの一種に，キャリア課金といわれているものがあります。ドコモだとか au といった，自分が契約している携帯電話の電気通信事業者が，月々の通信料金と合わせて，他の事業者が提供するゲームの料金やオンラインの有料サービスの料金を請求して，一緒に取り立てるというものです。きちんと支払わないと，通信サービスまで止められるのでないかという意識を持たされるようです。

　さらに，現在では，カードを利用しないコード決済が普及しており，皆さんの中にも使っている人が多いでしょう。スマートフォンで相手方事業者の二次元バーコート（QR コードなど）を映し撮ったり，逆に自分のスマートフォン画面に自分の QR コードを表示したりして，代金の支払ができます。コード決済事業者との関係であらかじめ資金をチャージしている場合は，前払式支払手段を使っていることになります。そうでない場合は，クレジットカードを登録

していれば，クレジットカードでチャージされて後払い，銀行口座
やデビットカードを登録していれば，即時払いということになりま
す。間に，決済代行業者が入っているケースもあって，背景はかな
り複雑です。

≫ Buy Now, Pay Later

そういう中で，現在，新聞などを賑わせているのが，Buy Now,
Pay Later（バイナウ・ペイレイター，略して BNPL）と言われている
支払方法です。直訳すれば，「今買って，支払は後で」という意味
です。

これは，代金の後払いの一種です。代金の後払いについては，販
売業者が後払いに応じてくれる場合も，第三者である与信業者が間
に入って立替払をしてくれる場合も，基本的に，割賦販売法という
法律が規制しています。

ただし，与信業者による与信の場合，2か月を超えない範囲内で
あらかじめ定められた時期に購入者が与信業者に支払をするタイプ
の取引は，割賦販売法の規制の対象外になっています。これは，銀
行系のカード会社が主として行っていた翌月一括払いの与信につい
て，銀行系だからそんなに悪いことはしないだろうし，親会社の銀
行は金融庁に厳しく規制されているから対象外としたということで
す。

ただし，クレジットカードのカード情報は，漏えいすると他人に
不正に利用されるかもしれないというリスクの高い情報です。そこ
で，クレジットカード番号などの情報については，銀行系のクレ
ジットカードを利用して，翌月一括払いにした場合であっても，割

賦販売法が与信業者に対して規制をしています。

　日本での BNPL のペイレイターは，分割払いではなく，2 か月以内の一括払いです。かつ，クレジットカードを利用せずに，コンビニ払いなどを利用しています。その結果，現在のところは，法律の規制がゼロです。悪質業者と取引をしてしまった場合，割賦販売法が適用されれば，消費者は，「代金を払わない」という主張を，悪質業者に対してだけではなく，与信業者に対してもすることができます（割賦販売法 30 条の 4）。しかし，BNPL の場合は，消費者にそういう権利が与えられていないので，この悪質業者を探し出してきて，直接裁判を行うしか，被害救済を得ることができないのです。BNPL 業者にもいずれ何らかの方法で，一定の規制をしなければならないと思います。

(4) プラットフォーム
≫ プラットフォーム上での取引とプラットフォームの法的立場

　現在，Amazon や楽天などのような，出店事業者と消費者との間の取引の場を提供するプラットフォームや，App Store や Google Play などのような，スマートフォン用のアプリの取引の場を提供するプラットフォームが大きな市場を形成しています。

　プラットフォームへの出店事業者とプラットフォームの間には出店契約があり，消費者とプラットフォームの間には，プラットフォームを利用するという契約があります。ただし，出店事業者と消費者との売買契約については，プラットフォーム自体は，契約の当事者にはなりません。場所を提供しているだけなので，出店事業者と消費者とのトラブルは当事者間で解決してくださいというの

が，プラットフォームの基本的言い分です。

　2か月ほど前に，Amazon に関して，東京地裁から判決が出ました[23]。Amazon で，中国の事業者から，スマートフォン用のモバイルバッテリーを購入して使っていたところ，突然，出火して，自宅の一部が焼けたというものです。純正品でないモバイルバッテリーを使っていると，ときどきこのような出火事故が発生するようです。ここで，日本人の購入者が中国の企業と苦労して交渉して，若干の賠償金も得たのですが，「Amazon にも責任があるはずだ」ということで　Amazon 相手に訴訟を起こして，30 万円の損害賠償を請求しました。ところが，Amazon に対する損害賠償請求は，全面的に否定されたというものです。

　適用が考えられる法律としては，まず，製造物責任法があります。製造業者の無過失責任を定めるもので，輸入品については輸入業者に製造業者と同じ責任を負わせています。しかし，Amazon はモバイルバッテリーの製造業者ではないし，輸入業者でもありません。単に売り場を提供しただけなので，製造物責任法は適用できません。

　次に，売買契約に基づいて，売主としての契約責任を追及することができるかというと，Amazon は売買契約の当事者ではないので，これもできません。

　そうすると，残るのは，消費者と Amazon との間にはプラットフォームの利用契約が存在しているので，その利用契約を手がかりに，どこまで Amazon の責任を追及できるかです。もし，このモバイルバッテリーが，出火する危険性のあるバッテリーだという情報が Amazon に入っていたような場合や，このバッテリーを購入

した消費者からクレームが多数 Amazon に寄せられていたにもかかわらず，出店事業者に出品を続けさせていたというような場合だと，「利用契約上の安全配慮義務違反だ」とか，「不法行為だ」ということで，損害賠償請求ができそうですが，そういうケースではなかったようです。

　さらに，この事件では，中国の事業者と何とか連絡がとれて，一定の賠償金が支払われたという事実があります。だから，Amazon への損害賠償の請求額も少額でした。ここで，中国の事業者とまったく連絡がとれなかった場合であれば，そのような事業者に出店させたという点で，Amazon に安全配慮義務違反の責任が認められる可能性があったかもしれません。

　ところが，アメリカでは少し違った考え方をとっています。もともとアメリカの製造物責任法は，製造業者だけではなく，中間流通業者を含めて販売業者にも，危険な物を流通させた者として，厳格責任（日本でいう無過失責任）を負わせてきました。流通させたというところが，危険な製品から生じた事故の責任を負わせる根拠です。だから製造業者についても，製造して流通に置いたという責任です。

　アメリカは州によって民事ルールは異なっていますが，いくつかの州の判決では，Amazon の責任を認めています[24]。Amazon は売主ではありませんが，フルフィルメントサービス（fulfillment service）という，Amazon の倉庫に荷物を預かって，Amazon が配達するというようなサービスを行っている場合があります。このような場合は，Amazon は売主にかなり近いではないか，流通への関与度が高いということで，州によっては Amazon の責任を認める判

決がありました。最近では，Amazon に出店している売主が在庫管理から配送までしている場合でも，代金の支払いの方で Amazon が関与しているときは，Amazon に責任があるという判決も州によっては出ています。このあたり，日本での考え方と，外国での考え方と比べるとおもしろいです。

≫ 消費者間取引の場合

　消費者が自分のいらなくなった物を出品して，別の消費者が購入するという，メルカリなどのフリーマーケットにおける消費者間取引の場合は，友達どうしでやりとりしている場合と同じだということで，民法のルールは適用されますが，消費者法のルールは適用されません。

　昔は，フリーマーケットはなくて，オークションしかありませんでした。今ではプロ野球チームの名前にまでなっている DeNA（ディー・エヌ・エー）も，オークションから事業をスタートしています。オークションというのは，言わば中古品の競り売りによる再販売のようなところがあるので，警察が少し関与しています。古物営業法という，質屋さんとか古物商を規制している法律が，オークションサイトを「古物競りあっせん業者」と位置づけて，出品者の本人確認をすべき努力義務などを課すという規制を少しだけかけています（同法 21 条の 2 以下）。個人が値段を決めて売るというフリーマーケットの場合は，古物営業法の対象にもならず，今のところは，何の規制もない状態です。

≫ プラットフォームの自主的取り組み

　プラットフォームについての法的整備はまだ途上にありますが，法律によらないプラットフォーム側からの自主的な取り組みもいろいろ行われています。

　たとえば，出店事業者に対する審査・指導ですが，あまり機能していない場合もあります。

　取引参加者による評価制度を採用しているプラットフォームも多いですが，評価自体をめぐる信用毀損，営業妨害等のトラブルもあります。また，虚偽の評価を書き込むという，やらせレビューもあります。

　エスクロー・サービスというのは，買主が支払う代金をプラットフォームが一時的に預かり，商品を受け取った買主からOKが出た場合に，売主に支払うというサービスです。代金は送金したけれども，商品が送られてこないとか，内容が違っていたといった場合の対策として有用です。

　問題が生じた場合の補償制度を提供しているプラットフォームもありますが，補償制度を悪用する事例も見られます。

　プラットフォーム上の取引から生じたトラブルの解決のために，紛争解決サービスを提供している例は少ないようです。オンライン上の取引紛争なのだからオンライン紛争解決（ODR）になじむはずです。海外のプラットフォームでは，エスクローサービスとリンクさせて実効性を高めている例もあります。

　2021年には，「取引デジタルプラットフォームを利用する消費者の利益の保護に関する法律」（取引デジタルプラットフォーム消費者保護法）が制定されていますが，この法律は，規模の大小を問わ

ず，事業者と消費者の取引の場を提供するプラットフォームに，消費者の利益保護のための自主的取組を求めることが主たる内容となっています。

≫ 食べログ事件

つい 10 日程前に食べログ事件の東京地裁判決が出ました[25]。

食べログというサイトは，飲食店を紹介するとともに，店舗利用者の口コミ投稿を掲載するプラットフォームです。店舗利用者の投稿内容や評価から，一定のアルゴリズムによって店舗に点数を付けて表示されます。利用者が飲食店を探すために検索をすると，デフォルトでは会員店舗が優先的に表示されますが，ランキング順に表示することも可能になっています。その店舗評価の点数の付け方のアルゴリズムを突然変更して，チェーン店の場合の評価を下げました。焼肉韓国料理をチェーン展開している会社は，食べログの有料店舗会員でしたが，ランクの低下によって，売り上げが減少し，ブランド価値が毀損されたとして，アルゴリズム変更の差止めと合わせて約 6 億 4000 万円の損害賠償を請求しました。

判決は，原告の飲食店の売上げのうち，食べログ経由の予約によるものが月平均 31 ％であったことや評価が下げられた後も有料店舗会員を継続していたことなどから，食べログが優越的地位にあったことを認めています。事前に公表されていたのとは異なった理由によるアルゴリズムの変更で点数を下げることは，その変更前に店舗会員に通知していないと，あらかじめ計算できない不利益を店舗会員に与えることになるので，独占禁止法で禁止されている「優越的地位の濫用」というタイプの不公正な取引方法（同法 2 条 9 項 5

66

号ハ）に該当するとの判断をしました。ただし，差止めもブランド価値の毀損も認められず，認容された損害賠償額は，3840 万円と，請求額の 6％程度でしたので，勝訴と言ってよいのか，ちょっと難しいところです。

　もっとも，この事件は，プラットフォームの責任の問題ではありますが，消費者問題ではなく，飲食店ポータルサイトというプラットフォームと有料会員店舗との間の事業者間紛争です。本件とは別ですが，店舗が有料会員であることを止めたら，ランクを下げられたという苦情もあるようです。

　他方で，食べログ関連では，利用者からの投稿とされていたものが，実際は，有料で依頼を受けた専門業者による投稿だったというステルスマーケティングの事例も発生しています。こちらは，消費者問題です。

≫ プラットフォーム取引透明化法

　推奨のためのアルゴリズムという点では，EU では，オンラインで広告を送りつける場合や商品を推奨する場合に，アルゴリズム等の透明性の確保が求められています。

　日本でも，2020 年に，「特定デジタルプラットフォームの透明性及び公正性の向上に関する法律」（デジタルプラットフォーム取引透明化法）が制定され，特定デジタルプラットフォーム提供者は，プラットフォーム上で販売や役務提供を行う商品等提供利用者（事業者）に対する提供条件等の情報開示を行う義務が課されました（同法 5 条 2 項 1 号）。そして，2021 年には，そのような義務を課される特定プラットフォームとして，5 社 5 市場（Amazon，楽天市場，

Yahoo! ショッピング，App Store，Google Play）が指定されています[26]。また，一般利用者（消費者）に対しても，特定デジタルプラットフォーム提供者は，商品情報の順位付けのための主要事項，取得する閲覧・購入データの内容・使用条件等の開示を求めています（同法5条2項2号）。食べログのような小規模プラットフォームは対象外です。

第4章　消費者取引のグローバル化と紛争解決

(1) 紛争解決機関の国際連携
≫ 国境を越えた消費者取引

　消費者も，オンラインで外国の事業者との取引が簡単にできるようになっています。それでうまくいっていれば問題はありませんが，トラブルが生じた場合にどうすればよいでしょうか。

　海外のサイトでも，日本の消費者相手に日本語で記載してあるものが多いです。以前は，ちょっと怪しげな日本語になっていて，おかしいなと気がついたのですが，最近は，自動翻訳の技術が向上したせいか，普通の日本語になっています。

　日本の事業者だと思って，あるいは日本の事業者か海外の事業者かを気にせずに，日本語のウェブページだからと契約をした。しかし問題が発生して，問い合わせようとしても，現地語でないと対応してくれないというような事例がたくさんあります。

≫ 消費者トラブル解決の諸形態

　消費者トラブルの解決のスタイルというのは，基本は事業者に対して問い合わせて教えてもらう，あるいは苦情を申し入れて対応してもらうことです。消費者が一方的に誤解しているようなケースもありますし，事業者との間で情報がきちんと伝わっていないということもあるので，問い合わせだけで解決することもあります。

　それでもうまくいかない場合に，業種によっては，相手方事業者

とは別の第三者機関による苦情処理のサービスを無料で提供している場合があります。このような裁判によらない紛争解決手段を代替的紛争解決（Alternative Dispute Resolusion, ADR）と言います。たとえば，日本訪問販売協会では，会員企業との間でのトラブルではなくても，消費者相談室が相談に応じ，相談室で解決できない場合には，協会の紛争解決委員会（ADR）に諮ることもできます。このような事業者団体による紛争解決の仕組みとしては，製造物責任法が制定されたときに製品種類別に作られたPL（製造物責任）センターと呼ばれるものや，金融関係の業種別に設置されている金融ADRなどが有名です。業界主導型のADRの場合には，会員企業であればその判断に従う義務が課されている一方で，消費者はその判断を拒否することができるのが通例です。

　事業者の内部苦情処理や第三者機関における処理で解決できなければ，消費者は，裁判に進むか，あるいはコストや時間を考えてあきらめるかということになります。

　国民生活センターや地方公共団体が設置している消費生活センターは，トラブルに直面してどうすればよいかわからない消費者からの相談に応じてアドバイスをするとともに，依頼されれば，消費者の要望を事業者につないで，事業者の対応を促すという，事業者の内部苦情処理と第三者機関の処理の中間的な処理（「あっせん」と言います）を手がけることもあります。国民生活センターや地方の消費生活センターのあっせんで解決しない場合には，国民生活センターに「紛争解決委員会」というフォーマルなADRの機関も設置されています。

　さらに，クレジットカードを使っている場合には，カード決済事

霊感商法・高額献金の被害救済

消費者法研究 第13号【特別号】 河上正二 責任編集

菊変・並製・256 頁　ISBN978-4-7972-7553-7 C3332
定価：3,080 円（本体 2,800 円）

消費者法、民法、心理学、憲法、刑事法等からの
多角的検討を試み、救済の実効性と今後の課題
を問う。【執筆者】河上正二・宮下修一・村本武志・
山元一・長井長信・藤原正則・沖野眞已

債権総論〔民法大系4〕

石田　穣 著

A5変・上製・1068 頁　ISBN978-4-7972-1164-1 C3332
定価：14,300 円（本体 13,000 円）

民法（債権法）改正の問題点を精緻に分析し、
今後の進むべき方向性を提示。グローバルな
民法の展開において、日本民法学の学理的発
展状況を示す、待望の体系書。

司法の法社会学(Ⅰ・Ⅱ)

佐藤岩夫 著

Ⅰ　定価：7,480 円（本体 6,800 円）
　　A5変・上製・304 頁　ISBN978-4-7972-8698-4

Ⅱ　定価：7,480 円（本体 6,800 円）
　　A5変・上製・320 頁　ISBN978-4-7972-8699-1

現代日本の司法制度が、近年の大きな変化に
対応しているか、実証的・経験科学的に考察。

〒113-0033　東京都文京区本郷6-2-9-102　東大正門前
TEL:03(3818)1019　FAX:03(3811)3580　E-mail:order@shinzansha.co.jp

信山社　http://www.shinzansha.co.jp

講座 立憲主義と憲法学 第1巻
憲法の基礎理論

山元　一 編

A5変・上製・324頁　ISBN978-4-7972-1225-9 C3332
定価：5,280円（本体4,800円）

憲法学方法論や学説史、基本概念・原理に関わる諸問題を考察

講座 立憲主義と憲法学 第2巻
人権 Ⅰ

愛敬浩二 編

A5変・上製・294頁　ISBN978-4-7972-1226-6 C3332
定価：5,280円（本体4,800円）

人権総論に関わる諸問題と人権各論のうち社会権を考察

講座 立憲主義と憲法学 第3巻
人権 Ⅱ

毛利　透 編

A5変・上製・320頁　ISBN978-4-7972-1227-3 C3332
定価：5,280円（本体4,800円）

人権各論のうち、自由権に分類されてきた諸権利を考察

〒113-0033　東京都文京区本郷6-2-9-102　東大正門前
TEL：03(3818)1019　FAX：03(3811)3580　E-mail：order@shinzansha.co.jp

信山社　http://www.shinzansha.co.jp

判例プラクティス憲法〔第3版〕

宍戸常寿・曽我部真裕 編／著者 淺野博宣・尾形 健
小島慎司・宍戸常寿・曽我部真裕・中林暁生・山本龍彦

B5・並製・546頁　ISBN978-4-7972-2674-4 C3332
定価：4,730円（本体4,300円）

好評の憲法判例集の最新第3版

プラクティス国際法講義〔第4版〕

柳原正治・森川幸一・兼原敦子 編

A5変・上製・512頁　ISBN978-4-7972-2562-4 C3332
定価：4,290円（本体3,900円）

好評テキストの第4版。国際法の歴史的背景
や国際的原則の形成過程を丹念に解説、基礎
的・体系的な理解を定着させる。【確認質問】
で重要ポイントを把握し、知識の定着を図る。

フランス労働法概説

野田　進 著

A5変・上製・620頁　ISBN978-4-7972-2814-4 C3332
定価：6,820円（本体6,200円）

待望のフランス労働法体系書。労働法典の大
改革を検討、難解なフランス労働法を平明に
解説して、現在のフランス労働法典の静態的
な広がりを体系的に描く。

〒113-0033　東京都文京区本郷6-2-9-102　東大正門前
TEL：03(3818)1019　FAX：03(3811)3580　E-mail：order@shinzansha.co.jp

信山社
http://www.shinzansha.co.jp

業者が事業者の内部ルールとしてチャージバックという，いったん課金した料金を払い戻すというか，いったん引き落とした代金を，商品や役務の提供事業者に引き渡さないで，カード会員に返金してくれるという制度があります。クレジットカードを使っている場合は，これでうまく解決できているケースもあります。

　裁判を行う場合でも，通常の裁判は時間と費用がかなりかかりますが，代金の返還を求めるなど，60万円以下の金銭の支払を求める場合は，少額訴訟という，簡易裁判所が1回だけの審理で処理するという仕組みもあります。同じ被害を受けた消費者が集まって，集団で訴訟を行うということは従来から普通に行われてきました。最近では，既に紹介したように，特定適格消費者団体が多数の消費者が当事者として関係する訴訟の共通部分についての判断をまず取得してくれるという特別の手続も導入されています。

　日本は行政の手続と司法の手続が完全に分かれていますが，行政機関が消費者の代わりに裁判を行ってくれるという国もあります。アメリカがその典型です。アメリカの州の司法長官，Attorney Generalは，日本での法務大臣兼検事総長のような感じですが，州民の親，パレンス・パトリエ（parens patriae）という位置づけなので，被害を受けた州民に代わって，訴訟を起こすことができます。州の司法長官が民事の世界でも重要な役割を果たしているというのが，アメリカです。

≫ 海外事業者とのトラブルと裁判

　日本の消費者が海外の事業者との間でのトラブルに直面した場合に，先に挙げたような様々な仕組みが使えるかというと，簡単では

ありません。

　クレジットカードによるチャージバックという制度は，VISA とか Master Card といったクレジットカードの国際ブランドが導入した仕組みなので，これを適用してもらうことができれば，国内のトラブルと同じように容易に救済を受けることができます。

　しかし，裁判ということになると，やれなくはないけれども，たいへんです。

　日本の消費者と海外の事業者との間の消費者契約に関する裁判は，日本在住の消費者は日本の裁判所で行うことができるということが，日本の民事訴訟法に書いてあります（同法 3 条の 4 第 1 項）。だから，可能ですが，海外にいる相手方事業者に訴訟に関する書類を送達するには，外国政府機関の協力が必要です。

　次に，日本の裁判所で裁判をする場合に，どこの国の法律を適用して判断するかということについても，「法の適用の通則に関する法律」（法適用通則法）11 条に，日本の消費者に有利な規定があります。すなわち，日本の消費者と海外の事業者との間の消費者契約の成立と効力については，消費者の常居所地（日本在住の消費者であれば日本）の法が適用されるのが原則で（同法 11 条 2 項），たとえ，契約書の中に，外国の法律を準拠法として適用すると定めてあったとしても，消費者は常居所地国，すなわち，日本の消費者保護法の適用を主張することができます（同法 11 条 1 項）。

　したがって，日本の消費者は，日本の裁判所で日本の消費者法の適用を受けることができるので，国内の事件と同じレベルで裁判上の救済を受けることができるということになっています。

　とはいえ，たとえ裁判で勝ったとしても，支払った金銭を実際に

取り戻せるかというと，それはまた別の問題です。相手方が自発的に支払わない場合は，強制執行という強制的な取立てのための手続を行う必要がありますが，日本国内に相手方の資産がない場合には，相手方の資産のある外国で強制執行をせざるをえません。これは，その外国の司法当局が協力してくれなければできません。国内の裁判にまったく出頭していない外国の事業者相手に欠席判決をとって，外国で執行するとして，その外国の執行機関が，「はいはい」と簡単に執行してくれるかという問題があります。

　結局，裁判での解決というのは，大きな事業者間の紛争の場合には，コストをかけてでも行いますが，消費者トラブルの場合は，あまり向いていません。

≫ 越境消費者センター

　国民生活センターは，「越境消費者センター」（Cross-border Consumer center of Japan, CCJ）という組織を設置して，海外の同じような業務を行っている組織と提携し，両者が協力して消費者トラブルの解決に取り組むという協定を結んでいます。日本の消費者からは国民生活センターが話を聞いて，その情報を海外の国民生活センターと同じような消費者相談サービスを行っている機関，たとえばアメリカなら，ベター・ビジネス・ビューロー（Better Business Bureau, BBB）という組織につないで，その組織が今度はアメリカの事業者と連絡を取って話を進めてくれるという仕組みです。

　現在，海外の 15 機関と提携をして，対象国は 27 か国です。中国とのトラブルが多いのですが，中国の組織とまだ連携できていないのが，残念なところです。

国際連携は，双方向的に行いますから，海外の消費者が日本の事業者と取引をして商品が送られてこないというような場合には，海外の組織から日本の国民生活センターに苦情が寄せられます。そうすると，国民生活センターは，日本の事業者に連絡して，事業者から話を聞いて，それをまた海外の組織に伝えるというようなやりとりをしながら，消費者・事業者双方の納得を得るということをしています。

　日本国内のトラブルであれば，1つのセンターが間に入って，消費者と事業者との間の話し合いを進めてくれることを，日本のセンターと海外のセンターという2つの組織が間に入って，同じように話し合いを進めてくれるというイメージです。まっとうな事業者の場合であれば，だいたいこれで解決ができています。

≫ プラットフォームによる ODR

　さきほど，ADR について触れましたが，現在，ODR という用語をしばしば目にするようになっています。A が O になるとどうなるかというと，Online Dispute Resolution，オンラインの紛争解決になります。これには，トラブルに遭遇してどうすればよいかと調べるところから，裁判で最終的な結論が出るまでの様々な紛争解決プロセスをオンラインで行うという広い意味と，裁判外の紛争解決である ADR をオンラインで行うという狭い意味とがあります。2022 年の民事訴訟法改正によって，民事裁判の IT 化が進められています。

　2022 年の 3 月に法務省が「ODR 推進に関する基本方針〜 ODR を国民に身近なものとするためのアクション・プラン〜」[27] を出し

ています。ここでは，プラットフォームの利用者間での紛争，たとえば出店事業者と消費者との間のトラブル，あるいは SNS のやりとりをめぐるトラブルなどの解決には，ODR が適切だということを言っています。

　たとえば eBay というショッピングのプラットフォームでは，事業者による出店も，消費者間取引もいずれも可能ですが，取引の当事者間の紛争解決のために ODR サービスを提供しており，その年間件数は 6000 万件を超えていると法務省の報告書には書いてあります。さらに eBay は代金支払いのために，PayPal という決済サービスを使うことができ，PayPal はエスローサ‐ビスを提供しているので，問題があれば購入者として支払いを止めるというかたちで，トラブルから抜け出すこともできます。

（2）消費者保護執行機関の国際連携
≫ 国境を越えた詐欺的・欺まん的取引方法に対する消費者保護ガイドライン

　以上のような国境を越えた紛争解決の仕組みを工夫すればなんとかなるのは，まともな事業者の場合だけです。最初から詐欺をやろうというような悪質事業者は，紛争解決の仕組みにはそもそも乗ってこないので，そういう事業者については行政当局や司法当局が取締りをするとか，市場から排除するとかしないとだめです。しかし，そうしようとすると，各国の行政的な取締りを担当する部局や，刑事的な取締りを担当する警察・検察が，国境を越えて連携をしなければなりません。

　この点でも，やはり OECD が熱心で，2003 年に「国境を越えた

詐欺的・欺まん的取引方法に対する消費者保護OECDガイドライン」[28]を採択しています。各国の消費者保護を担当している執行機関がいろいろな面でもっと協力しないと，国境を越えた詐欺的取引方法には対処できないと言っています。

　消費者保護の執行機関というと，日本だと消費者庁とか，当該業を規制する主務官庁といったような行政規制の面だけでの協力のような印象を与えますが，海外では，被害者の民事救済も行政が担当する場合があるので，民事救済の連携もここに入ってきます。

≫ 執行機関の情報共有の促進

　まず，各国の執行機関が情報共有をすることが必要です。

　ただし，国民生活センターのCCJでもそうですが，相談した消費者の個人情報に関わってくるところがあります。「日本の○○さんが，A国のXX会社と取引をして，こういう悪質な勧誘にひっかかりました」といった個人情報を含む情報を，国境を越えて移転する必要があるので，その同意を消費者からあらかじめ取得しておかなければなりません。このような個人情報や通信の秘密に関わる情報，逆に事業者の企業秘密に関わる情報の国際間での交換のための適切な仕組みをつくっていく必要があります。

≫ 執行機関の国際事件への関与

　日本の事業者が日本の消費者相手に不当なことをやれば，消費者庁などの日本の執行機関は動いてくれますが，日本の事業者がアメリカや中国の消費者相手に不当なことをしている場合はどうでしょうか。日本の消費者を保護するためではないので，日本の消費者保

護のための執行機関が動けるのか，動いてくれるのかという問題です。逆に，アメリカや中国の事業者が日本の消費者相手に不当なことを行う場合もあるわけです。そういう場合に，アメリカや中国の執行機関が取り締まってくれれば，日本の消費者としてはありがたいです。これらは，二国間協定や EU のような域内での取り決めがあれば，それに基づいて行われることになりますが，何もない場合は，当該国の法律の規定の仕方や執行機関の担当者の偶然のやる気に依存することになりそうです。

≫ 消費者被害の救済策の検討

　被害救済の点では，日本の消費者が，海外にある事業者から，いかにして支払った金銭を取り戻すことができるかという問題があります。

　MRI という事件がありました。MRI は，日系アメリカ人が経営していたアメリカの会社で，アメリカにおける保険診療報酬債権を病院などから買い取って，それを証券化して，とても配当が大きいと言って日本で販売しました。ところが，これが詐欺的商法で，支払われた金銭はすべてアメリカに送金されているし，販売した法人もアメリカの法人で日本には資産はないという状況でした。そこで，日本で弁護団をつくってアメリカの弁護士にも依頼してアメリカで裁判を行い，非常に苦労しながら何とかかなりの割合の金銭を取り戻すことができたという事件です[29]。

　これはアメリカの法制度が，非常に柔軟にできているから可能だったようです。アメリカの連邦取引委員会（FTC）という日本の消費者庁にあたるような組織とか，検察庁にあたるような組織とか

が，アメリカにおける被告事業者の資金のありかを探して，それを差し押さえたり，没収したりして，その資金を日本の消費者の被害救済に当ててくれたのです。そういう良い制度がアメリカにあって，それがうまく機能したから日本の消費者がかなりの割合で救済されたということです。

　逆に，日本の事業者がアメリカの消費者相手に詐欺的商法を行った場合，日本の行政当局や司法当局としては同じようなことはできないです。

　以上で，私の講義は一通り終わりました。明治期のグローバリゼーションの頃と比べて，現在のグローバリゼーションにおいては，日本の消費者は，簡単に国境を越えて海外の事業者と直接に取引をすることができ，その結果として生じる海外の事業者とのトラブルの解決のために，消費者相談機関の国際的ネットワークを利用するとか，あるいは海外の事業者相手に海外で集団訴訟を行うというようなところまできているということです。

第5章　質疑応答

(1) 消費者問題と消費者法

アオヤマ：消費者とか事業者というのは，人の一属性のような話をされていたと思いますが，そういう概念が，いつ，どこで，どんなふうにしてできてきたのかを教えていただきたいです。

松本：「事業者」という言葉はかなり古くからありそうですが，「消費者」という言葉がいつごろから使われるようになったのか，調べたことはありません。企業から見れば，「お客様は神様です」の「お客様」，あるいは「顧客」や「潜在顧客」というのがニュートラルな表現でしょう。戦前にも，生協の源流のような協同組合運動があったので，消費者という言葉を使っていたかもしれないし，それを表す別の用語を使っていたかもしれません。とはいえ，「消費者」という用語は，「消費者問題」や「消費者運動」，「消費者保護」といった他の言葉とセットであらわれてきたというのが，私の実感です。そうだとすると，やはり普通に使われるようになったのは，戦後のことですね。

　主婦連（主婦連合会）という有名な団体があって，おしゃもじをプラカード代わりにしてデモ行進をするなどいろいろな運動をしています。消費者問題を提起する役割を果たしてきた団体です。

　戦後，最初の頃の消費者問題は物不足，生活に最低限必要なものが手に入らないということでした。「米よこせ」というのは，戦前の話だけれども（笑），戦後しばらくはマッチが配給されていまし

た。今はマッチなんて使わないけれども，昔はみんなマッチで火を
つけていました。ピッと擦っても火がつかない，燃えない，という
マッチが配給されていたので，主婦連が，「不良マッチ追放運動」
を行ったことが有名です。

　このように，最初は物不足や極端な品質問題で，それから表示や
安全の問題がとりあげられるようになりました。経済が少し発展し
てくると，今度は取引がらみの問題が多くなってくる。さらに，将
来の収入の見込みが持てるようになってくると，今はお金がなくて
も，分割払で買えるようになってきて，クレジットや与信の問題が
生じてきます。もっと収入が増えてくると，投資関係のトラブルが
増えてくる。日本の経済状況，日本人の経済状況がよくなってくる
と，トラブルのタイプ，消費者問題のタイプも少しずつ変わってく
るというところがありますね。

アオヤマ：消費者問題というのは，海外から来た流れというより
は，戦後の経済成長の中で，芽が出てきたという感じなのですか。

松本：そういう面があります。それに加えて，これは問題だと考え
て，その問題に取り組む運動を行う団体が出てきたということ。さ
らに，海外ではこんな動きがありますという情報が入ってくるよう
になったということも，かなり大きいですね。

　特に，1961 年に，ジョン・F・ケネディがアメリカの大統領に就
任して，翌年の 62 年に，連邦議会に対して，「消費者問題に関す
る特別教書」というものを出しています[30]。そこで有名な，「消費
者には 4 つの権利がある」とか，「消費者はアメリカの経済の 3 分
の 2 を支えているのに，意見が全然反映されていない」というよ
うなことを言って，これからは消費者保護のための法律をつくると

宣言したんです。

　講義の中で紹介した，コンシューマーズ・インターナショナルの提唱している「世界消費者権利の日」が，毎年3月15日とされているのは，ケネディ大統領が連邦議会に，この特別教書を送付して，消費者の4つの権利を提唱したのが1962年3月15日だったことによります。

　ケネディ大統領が重視した立法は2つあって，1つは安全の問題です。食品や医薬品の安全のための法律による規制を強化した。もう1つは情報提供の問題です。商品や役務の内容や，取引の条件をきちんと消費者に知らせなさいと。Truth in Lending Act というのが一番有名です。Truth というのは真実で，Lending というのは貸付。「お金を貸し付ける場合に，その貸付条件などをあらかじめきちんと表示しなさい」という意味で，日本語では貸付真実法と訳しています。その後，いろいろな分野でこの発想が取り入れられて，Truth in Everything と言われるぐらいに，表示や情報提供を義務づける法律がたくさんできました。残念ながら，1963年に，ケネディ大統領は，ダラスで暗殺されましたが，暗殺の翌年の64年が最初の東京オリンピックの年でした。

　ちょうど，ケネディ大統領が暗殺されたときに，オリンピックを控えて，アメリカとの間で史上初めてのテレビの衛星中継がありました。そこで，いきなり流れてきたのが，ケネディ大統領の暗殺の一報だったので，日本の視聴者にとっては非常に衝撃的だったことを覚えています。

　国内でオリンピックが開催できるくらいに経済発展が進み，消費者問題も発生してきたということと，ほぼ同時期にケネディ大統領

を始めとした海外での消費者問題への取り組みの情報が日本にも伝わってきたということがあり，内外両面からプッシュされて消費者政策が始まったという感じがします。

イタバシ：消費者法というのは，ネットでいろいろな問題が出てきても対処できるように改正されているのか，それとも，法律で拾いきれないものがあるから，それは消費者教育に託して，消費者に任せるという姿勢なのか，どうなんでしょうか。

松本：消費者問題に取り組んでいる学者とか弁護士の観点からは，いろいろな問題を網羅的にカバーするような法律をきちんとつくってほしいという要請が強いです。しかし，政府としてはそこまではやらず，本当に酷いところだけは押さえるけれども，そうでない部分は，消費者教育とか高齢者見守りとかでやろうという感覚が強いです。というのも，法律をつくるための審議会とか検討会を開催すると，消費者側の委員も参加していますが，事業者側の委員も参加していて，「こういう規制は過剰な規制だ」とか，「こういうルールは，普通の事業者にとっては良くない」と言って反対します。そのため，なかなか進まない。「本当の悪質な，どうしようもない事業者だけを対象にしましょう」という傾向が強いんです。

　今，デジタル化との関係でもめている問題があります。訪問販売という，家庭に断りもなく突然やってきて，商品を売るという販売方法があります。訪問販売は，昔は「押し売り」などといって，消費者が1人でいるところにやってきて，買うまで帰ってくれないのでやむをえず買わされるといった問題などがたくさん生じていました。

　このような，ほかにだれも見ている人のいないところでの勧誘と

いう密室性から生じてくる消費者被害を救済するために，「訪問販売等に関する法律」（訪問販売法，現在の特定商取引法はその後身）が1976年に制定されます。その制定当初から，クーリングオフといわれている，消費者は一定期間は契約をなかったことにできるという制度が入っています。契約内容等を記載した書面が消費者に交付された時から8日以内であれば，消費者はクーリングオフできるというのが法律の条文ですが，特定商取引法が2021年に改正されて，その書面が紙でなくてもよいということになったのです。デジタル化の推進ということが政府をあげての基本政策で，「あらゆる書面はデジタルにしましょう」ということで，クーリングオフの権利の起算点となる訪問販売業者から消費者への書面の交付もデジタルでもよい。消費者が同意すれば，消費者のスマートフォンのメールのアドレスに送りつけるということでもよいという条文になってしまったんです（改正同法4条2項・3項）。

　これは，消費者保護から見ると，むしろ逆方向になりかねません。というのは，特定商取引法は，訪問販売には密室性があって，消費者が強引に押し切られて契約をしてしまうケースが多いから，契約をなかったことにする権利を与えているんです。書面が交付されないと，いつまでもクーリングオフをすることが可能になります。これは，たしかに面倒くさいです。でも，手続をわざと面倒くさくして，消費者に思い直すチャンスを与えている面が大きいんです。紙で渡しておくと，高齢者本人は意識していなくても，高齢者の家族が見たり，あるいは介護の人が見たりして，「おばあちゃん，これ何？」などと聞いて，それでわかることがあるんです。

　ところが，デジタル化されて，スマートフォンにそういうメール

が来ても，おじいちゃん，おばあちゃんは，見ないかもれしれない。周りの人にはメールがあったかどうかもわからないという状況になってしまいます。これでは，デジタル化を口実にしたデジタル機器を使い慣れない消費者の切り捨てになりかねません。

　消費者保護のためにわざわざ面倒くさくしているのに，面倒くさくないようにしましょうというのは，消費者法のコンセプトとちょっと相反するところがあります。

イタバシ：難しいですね。

松本：本当に難しいです。

（2）消費者の脆弱性

ウエノ：マルチ商法をやっている人たちを見て，可愛そうだなって思って，「温情で買ってあげる」というようなことがたぶんあると思うんです。それって，弱い消費者ではないけれども，人間の経済合理的な性質からやっているわけではないので，そこが消費者法の問題になるのかなと思うんですが。

松本：マルチ商法に限らないけれども，品質が悪いものだとわかっていて，あるいは価格が高すぎるとわかっていて，買ってあげている分には，それは別に騙されているわけではないから，保護されないということになります。その人を支援するために買っているということであれば，被害を受けたということにはならないです。

　マルチ商法の場合には，儲かりますと言われて，自分もビジネス会員になると，今度は勧誘する側に回るわけです。ビジネス会員から商品を買ってあげるだけの末端の購入会員なら，それはまだマルチ商法に加わったということにはならない。購入だけを続ける会員

というのは，その商品と価格に満足しているということになります。マルチ商法の問題は，商品の品質や価格にあるのではなく，儲け話で釣って，ビジネス会員にして，金銭を支払わせるという点にあります。対象となる商品というかネタは何でもいいのです。最近だと，「モノなしマルチ」というのが増えています[31]。

　だから，同情してマルチ商法に加入するということは，あまり考えられないですね。ただし，大学のクラブや同好会で，先輩や友人から勧誘されて，断りきれなくてビジネス会員になるというケースもありますから，これは，儲けでも同情でもない，人間関係のしがらみによる勧誘ということになります。

ウエノ：同情のパターンで言うと，たとえば，恋愛関係にあった人との場合は，「私，困ってるの」などと言うと，恋愛関係を悪用していることになるんでしょうが，ちょっと貧しい格好をして，「私，生活がたいへんなんです」っていう人に対して，恋愛感情もなく買ってあげるというのは，対象にならないですか。

松本：今のところは，ならないですね。消費者契約法は，不当勧誘の場合の取消権を非常に限定して規定しています。文章が長いですが，恋愛感情の悪用についての条文を紹介します。

　「当該消費者が，社会生活上の経験が乏しいことから，当該消費者契約の締結について勧誘を行う者に対して恋愛感情その他の好意の感情を抱き，かつ，当該勧誘を行う者も当該消費者に対して同様の感情を抱いているものと誤信していることを知りながら，これに乗じ，当該消費者契約を締結しなければ当該勧誘を行う者との関係が破綻することになる旨を告げること」（同法4条3項4号，2023年6月からは6号に繰り下げ）により，消費者が「困惑し，それによっ

て当該消費者契約の申込み又はその承諾の意思表示をしたときは，これを取り消すことができる。」（同法4条3項柱書き）となっています。

　相手方に対して恋愛感情を持っている人に，相手方も同じような恋愛感情を持っていると思わせておいて，ここで相手方からの要求を拒絶すると，その関係が破綻するという恐怖感を抱かせて，契約させるという手法に限定しているので，単に恋愛感情を利用するというよりもっと絞っています。

　では，みすぼらしい格好をして，「今日の晩ご飯，食べるお金もないから，お恵みください」と言っているけれど，本当はそうでもないような場合にはどうかというと，金額が多ければ詐欺になるのかもしれないけれども，難しいところですね。商品や役務の有料での取引に関わる問題というのが，消費者問題の典型で，施しや寄附などの無償の行為を，消費者法の世界でどう扱うかというのは，難しい問題です[32]。

ウエノ：マッチ売りの少女の場合，マッチは買ってもらえなかったですけれども，同情して買ってくれる人がいた場合はどうなりますか。

松本：施しではなくて，一応対価のかたちをとっているけれども，本来の価値相当額よりもたくさん払ってあげるというような場合ですね。それで騙したら，民法の詐欺というストレートな議論ができるかもしれないですね。消費者問題というよりは，善意につけ込む単純な詐欺という理屈になるでしょうか。

ウエノ：僕のイメージとして，人間の弱い部分だとか，あまり経済合理的には説明できない部分に注目しているのが消費者法なのかな

という気がします。たとえば，健康食品を買うという人は，合理的に考えていない。そういったメンタルな部分に消費者法の視点があるのだとしたら，それが大事なのかなと思います。

松本：消費の対象が，どんどん変わってきているということは事実で，昔であれば，ビジネスとして成り立たなかったので消費者問題にもならなかったことが，ビジネスとして成り立つようになってきたということは，経済的には消費者に以前よりゆとりが出てきているからだと思います。昔は，生活に最低限必要なものを買うか，買わないかだったのが，消費の対象がそれだけには限られなくなってきています。生活必需品以外の物を購入するとか，楽しみのための消費をするといったことです。「モノ消費からコト消費へ」という言い方もします。そういう点を売りにする商品やサービスが出てきて，消費者にそれを購入できるだけの経済的な余力ができているということだから，それはそれで問題ありません。

　それを今度は，クレジットで買わせるとか，借金をたくさんして買わせるとかいうことになると，別種の消費者問題であるクレジット問題とか多重債務問題が生じてくる可能性がありますが，本当に資金の余裕があって，そうしているということであれば，それでいいわけです。

　ただし，表示や提供される情報が誤解を与えないものである必要があります。実際よりあるいは競合商品・役務より，品質面で甚だしく優良だと誤解させる表示や，代金面で甚だしく有利だと誤解させる表示は，不当表示として禁止されるというのが景品表示法の考え方です。表示されている内容が事実であれば，そういう価値観を持った人に買ってもらうということには，別に問題はありません。

消費者法の問題として考えなければならないとしたら，普段はそうではないんだけれども，肉親の急死といった何かの事情があって，その時だけ落ち込んでいるとか，十分に考えるゆとりがなくなっているといった場合，消費者のそのような事情を知ったうえで，それにつけ込んで何かを買わせるというような場合に，どう対処すべきかということです。いわゆる「つけ込み型不当勧誘」の一般法理と言われているものを消費者契約法に導入して，そのような場合に契約の意思表示を取り消せるようにしてもよいのではないかという議論があります。

　先ほども大村先生と少し話をしていたのですが，フランス民法というのは 200 年以上も前のナポレオンの時代にできたものです。その契約法部分が最近大幅に改正されて，「依存性の濫用」という条項が新設されたんです。一方の当事者が，相手方に依存をしている，相手方の言うことを何でも受け入れる状況になっていることを相手方が知ったうえで，価値の低いものを非常に高い値段で売りつけたりした場合に，相対的無効，日本法的には取り消すことができることになりました。フランスの判例で，「経済的強迫」と呼ばれる法理を条文にしたとのことです。そういう依存状態を悪用しただめだけれども，そうではなくて，当事者が勝手に思い込んでしまっているという場合には，対象にならないと思います。

ウエノ：高齢者に限定できないかもしれないですけど，「あなたの言うことならなんでも信じちゃうわ」というようなことを言う人がいるわけです。それはお世辞かもしれないし，適当にそういうことを言う人がいる中で，それで自分に依存していることを知っていたといえますか，という問題があると思うんですが。

松本：本人がどう言っていたかだけで決められる問題ではないでしょうね。

　これも最近のニュースですが，子どもを餓死させた女性の刑事事件がありました。ママ友の言いなりになっていた，マインドコントロール下に置かれていたということは，依存性の極致のような感じです。あれは刑事事件だけれども，払ったお金を返せという民事訴訟を日本の法律の下で行うとなると，不法行為に基づく損害賠償は可能でしょうが，意思表示の取消しや無効でどこまで対処できるかは，議論のあるところですね[33]。

ウエノ：普通の人間関係では考えられない行動があったというところから，現実に起こったことに着目して，知っていたか知っていなかったかを判断するということでしょうか。

松本：そういう点は，まさに弁護士の腕しだいです。間接事実をどう積み重ねて，法律の条文，ここであれば依存状況にあるという要件の立証に結びつけるかという話になります。

(3) インターネット上の広告とマーケティング

エビス：アフィリエイト広告を活用した事業者に対して，訴訟を起こすとなった場合，当該事業者はアフィリエイターが勝手にやっているというだろうし，アフィリエイターは，消費者の意思形成には相当程度に関わっているけれども，契約の当事者ではないということで，責任の分配はどういうふうになるのかをお聞かせください。

松本：責任という観点からは二重にあって，景品表示法という規制法の観点から，誰が規制対象になるかという問題と，その広告・表示を信頼して買った消費者との関係でだれがどういう責任を負うか

という民事責任の問題とを一応分けて考えます。

　最近，消費者庁が，アフィリエイト広告についての検討会を開催して，いったん結論を出してパブリックコメントを募集しています。景品表示法は，自己が供給する商品や役務について，実際のものより，あるいは競争事業者のものより，著しく優良あるいは著しく有利だと思わせるような表示をすることを禁止しています（同法5条）。「自己の供給する商品」というところが重要です。では，広告代理店が勝手に変なこと書いたらどうなるかというと，広告主が中身を確認して「それでいい」と言えば，当然広告主の表示になるし，自由に書いていいと任せていた場合もやはり広告主の表示ということになります。広告主が，積極的であろうが，消極的であろうが，表示内容の決定に関与している場合に，表示の主体として規制されるということです。

　アフィリエイト広告については，アフィリエイターは広告代理店ではないし，広告主や広告代理店に雇われているライターでもありません。消費者庁は，アフィリエイト広告を，アフィリエイターの報酬が成果報酬になっている場合，たとえば，「あなたのブログを見て，わが社の製品を購入した人」の人数に応じて報酬額が決まるような場合と限定的に定義したうえで，アフィリエイターの表示は広告主の表示となって，広告主が景品表示法上の措置命令を受けたり，課徴金の納付命令を受けたりすることになると言っています。

　民事責任の観点では，アフィリエイターの表示を広告主の表示と評価できる場合であれば，消費者としては，広告主から直接商品を購入していれば，売買契約の売主である広告主に対して，返金の請求とか，商品の交換や修理，代金減額の請求をするかたちで救済を

得られます。では，アフィリエイターを訴えられるかというのは別問題です。消費者とアフィリエイターとの間には契約関係がないので，悪質性が高い場合には，アフィリエイターの不法行為責任を追及することになるでしょう。広告主がメーカーで，消費者は小売店から買っているという場合だと，広告主であるメーカーの責任は不法行為として追及するしかありません。その場合，アフィリエイターを共同不法行為の幇助者責任（民法719条2項）で追及することも可能でしょう。

オオサキ：ブログで，「効果がありました」というようなことを書くと，それは個人の感想として書いていると思うんです。もちろん意図としては広告の部分もあるので，広告の表示かもしれないですけれども，広告主がブログ運営者に任せて，感想を自由に書いてくださいと言って，結果として誇大な表現があるときに，それは不当な広告表示と評価されるのでしょうか。

松本：広告主がアフィリエイターに支払う報酬には，成果報酬の場合のほか，1回切りの金銭支払の場合や，単に無料で商品や役務を提供するというだけの場合もあります。消費者庁の検討会では，少なくとも，成果報酬の場合は，広告主自身の表示だと評価すると言っています。したがって，成果報酬の場合は，自由に書いてよいという依頼であっても，広告主の表示ということになります，

　では，成果報酬でなければアフィリエイターが何を書いても広告主は関係ないのかというと，そうではありません。広告主とアフィリエイターとの間の関係がどうだったのか，依頼内容がどうだったのかによると思います。報酬がなくても，広告主が「こう書いてくれ」といったら，当然広告主の表示になります。

事前の関係もなくて，「本当に良いものです」と言って，SNSで発信しているというのだと，それは個人の本当の感想だから，商品を供給する事業者が行う表示には当たらないことになります。アフィリエイターと広告主との関係，ブロガーと店舗との関係がどのようなものだったかが重要です。

オオサキ：商品は実際に利用しているけれども，それとは別に報酬をもらえば，それは全部広告という扱いになりますか。

松本：「あなたがわが社の商品を使ってみて，ブログを1件書いてくれれば，1万円払います」とか言う場合ですね。

　こういう内容で書いてくれと依頼されていれば，報酬の多寡と無関係に広告主による広告・表示ということになるでしょう。内容には注文を付けないけれども，一定の報酬や対価を約束している場合も，同様に評価される可能性があります。

　事前のやりとりもなしに，「わが社の商品について，感想文を書いてくれたお礼です」というふうに言われて，金額もそんなに多額じゃなければ，規制は難しいでしょうね。

(4) 消費者の個人情報とプライバシー

カンダ：Eコマースで何か買うときや検索サービスを使うときに，データを取られることはわかっているとしても，「データを取るな」とはなかなか言えないですが，仮に，事業者が個人を特定しない情報だと言ったとしても，それでも嫌だという消費者は，どういうふううしてその権利を実現できるのでしょうか。

松本：昨日，Twitterについての最高裁判決が出ました[34]。これは，旅館の女性用浴場の脱衣所に侵入して逮捕され，罰金刑に処せられ

た男性が，Twitter 上でまだ残っている 10 年近く前の報道機関の記事から転載されたツイートの削除を Twitter 社に請求した事件です。高裁は，Google の検索サービスに関する最高裁の判例[35] に依拠して，本件各ツイートの削除を求めることができるのは，原告の本件事実を公表されない法的利益と本件各ツイートを一般の閲覧に供し続ける理由に関する諸事情を比較衡量した結果，原告の本件事実を公表されない法的利益が優越することが明らかな場合に限られるとして，削除請求を認めませんでした。これに対して，最高裁は，原告の本件事実を公表されない法的利益が本件各ツイートを一般の閲覧に供し続ける理由に優越する場合には，本件各ツイートの削除を求めることができるとして，削除請求を認めました。Google の検索サービスの削除請求の場合は，原告の事実を公表されない利益が優越することが「明らか」であることが必要だけれども，Twitter の場合は，原稿の利益が相対的に優越していればよいという判断で，かなり影響が大きいと思われます。

　個人情報の削除請求という点では，ヨーロッパでの議論が一番進んでいます。EU では，個人情報に関する情報主体である個人の権利は，憲法レベルの権利という感じの位置づけになっているんです。日本は個人情報保護法を見ても，そこまではいってないですね。

　日本では，信条，社会的身分，病歴などの要配慮個人情報の場合でなければ，個人情報を取得するにあたって同意はそもそも不要です（個人情報保護法 20 条 2 項）。取得に際して個人情報の利用目的の通知は必要ですが，あらかじめ利用目的を公表していれば，通知も不要です（同法 21 条 1 項）。利用目的を変更する場合も，同意は

不要で，通知または公表で十分です（同条3項）。

　EUでは，個人情報・個人データの取得には，事前同意が必要なんです。クリック1つで同意が取れるといえば簡単だけれども，積極的に同意を求めるという思想が強いですね。だから，同意を撤回すれば，取得した自分の個人情報を削除してくれと言えます。「忘れられる権利」といわれているものです。同意が基本だから，同意の撤回も可能ということです。

　日本は，そもそも同意が必要とされていないことも関係して，不正取得の場合などに限定して，利用停止または消去を求める権利があっただけです（個人情報保護法35条1項）。これが，2020年の個人情報保護法改正で，利用する必要がなくなった場合や漏えい等の事態が生じた場合など，本人の権利または正当な利益が害されるおそれがある場合に，利用停止または消去を求める権利が追加されました（同条5項）が，EUに比べるとかなり限定されています。

キタミ：ヨーロッパでは，個人情報の保護については，たとえばアプリとか，ビジネスの仕組みそのものをつくる段階で考えているということですね。後で削除してくださいっていうのもたいへんだから，最初から，簡単に削除したり，他にもいろいろできるように，仕組みをつくる段階から考えているということですか。

松本：それが理想的ですね。プライバシー・バイ・デザイン（Privacy-by-Design）という，プライバシー保護の問題を，システムをデザインする段階から考えて，システムにきちんと組み込んでいってくださいということです。

　ヨーロッパと比べて，アメリカの場合は，各州で取り組みに差がありますが，カリフォルニア州が，やはり，「忘れられる権利」（削

除請求権）を 2018 年に制定されたカリフォルニア州消費者プライ
バシー法の中に規定しています。

　それより前の 2013 年には，通称「消しゴム法」という法律がで
きています。「消しゴム法」って何かなと思ったら，SNS サービス
等を提供している事業者に，利用者登録をした子ども（18 歳未満）
が投稿したコンテンツを削除できるようにするとともに，削除でき
る旨と削除方法を説明する義務を負わせています。判断力の不十分
な子どもだから特別な保護を与える趣旨のようです。日本は，子ど
もの個人情報の保護については，特別の規定がないですね。自分の
ことを書いた他人の投稿も気になるけれども，自分で書いた投稿
も，書いた後で気になるかもしれません。

　さらに，カリフォルニア州消費者プライバシー法を大幅に改正し
て追加的な規制を加えたカリフォルニア州プライバシー権法が，
2020 年の住民投票によって可決され，2023 年 1 月から施行される
ことになっています。そこには，個人情報の取得に関する同意の取
り方に限定してですが，ダークパターンを禁止する明文の条項が加
えられています。

　子どもとの関係では，デジタル環境における子どもの保護という
問題が，消費者問題の一部になってきています[36]。昔だったら，テ
レビを見ているときに，子どもは，番組そのものと広告との区別が
つかない場合も多いから，突然，主人公が何かの商品の売り込みを
始めるというのは，避けた方がよいというような議論をしていたの
ですが，デジタル環境になると，コンテンツと広告がもっと区別し
にくいことになってきそうです[37]。

（5）プラットフォーム

エビス：プラットフォームは，情報提供のひな形を産み出してもいいんじゃないかという気がします。不利益事実，たとえば，返金請求が何件あり，どれくらい応じているかといった履歴などについて告知する義務を出店事業者に課すことは，妥当だと判断されるでしょうか。

松本：難しい問題ですが，プラットフォーム側から，出店事業者に苦情などの公表を義務づけることができるかという論点と，出店事業者に対する苦情がプラットフォームにも寄せられている場合に，プラットフォームとしてそれを消費者に対して公表すべきかという論点に分けて考えてみましょう。

　出店事業者についての苦情がかなりあるのに，プラットフォームとして何も対応をしないと，消費者との利用契約上あるいは不法行為法上の責任を問われる可能性もありますね。この点は，プラットフォームへの出店審査の段階で，出店事業者からどれくらい情報を提出させる必要があるか，プラットフォームとしてどの程度調査する必要があるかという問題とも連動してきます。

　出店事業者に苦情件数を公表する義務を出店契約で課すことは，そのプラットフォームの創業時点からのポリシーとして透明性の高いプラットフォームにするということで出店希望者と合意ができていればよいのでしょうが，プラットフォームがビジネスとして安定してきてからそのような義務を課すとすると，優越的地位の濫用になるおそれがあります。また，苦情件数が公表されるということだと，営業妨害的に苦情を寄せる人が出てくるかもしれないから，バランスをうまくとって行う必要がありそうですね。

　消費者からの苦情に誠実に対応するようにとの義務を出店事業者に負わせることはまったく問題ないし，苦情の件数や概要，処理結果等を定期的にプラットファームに報告させることも許されるのではないかと思います。

エビス：消費者との交渉の余地を奪っていることに関するなんらかの対応をさせるべきだと思うんですが，それをどういったかたちで課せばいいのか，あまり良いアイデアが浮かばないのですが。

松本：プラットフォームをどう位置づけるかという点で，EU では，超巨大プラットフォームはゲートキーパーだという言い方をしています。門番として，ある事業者がプラットフォームという市場の中に入ることを不当に制限したり，事業者によって差別したりすることは，独占禁止法の観点から許されないぞということですね。

　さらに，ゲートキーパーという言葉をもう少し広めに考えると，公正かつ安全な場を確保するように努力する義務があるんだという発想もあります。プラットフォーム上に違法・有害な情報があることがわかった場合に，プラットフォームとしてそれを削除しないと責任を問われるという議論も，ゲートキーパーの業務のちょっと隣ぐらいに出てくるのかもしれないですね。

クラマエ：今の議論をきいていて，たとえば，商品の傷のありなしについては，出店事業者が入力するようにしておくことが，適切な情報を提供する上でのプラットフォームの役割だという議論は，あり得るのかなと思いました。

松本：特に中古品流通のプラットフォームの場合は，そういうことは意味があると思います。定型的な注意事項のようなことを記入させるという感じですね。写真でわかればいいかもしれないけれど

も，写真じゃわからないこともあるでしょうから。

カンダ：食べログの事件で，3840万円だけの賠償請求が認められたという話をされていました。たとえばAmazonの場合は，出店者はAmazonを通してしか販売していないこともあるわけですが，食べログの場合は，飲食店側は，食べログとは無関係に来店するお客さんもいて，食べログのおかげで余分に儲かっているという面もあるから，3840万円に請求が下げられたのでしょうか。それとも裁判所側が，どれくらい減益したのかを計算して，算出した結果，3840万円とされたのでしょうか。

松本：原告は，点数引下げ前の食べログ経由のインターネット予約と電話予約を通じた平均来店者数と，点数引き下げ後のそれらを通じた平均来店者数の減少数と，ランチとディナーの平均売上額をかけた額を損害だと主張して，約6億4000万円を請求していたようです。店舗側は，昼の時間帯の平均客単価は約1700円，夜の時間帯における平均客単価は約4500円と主張しています。

　裁判所は，まず，損害の算定にあたっては，売上額の減少ではなく，営業利益の減少を対象とすべきだとしています。売上額が減少すれば，必要な経費も減少しているはずだからということです。この計算方法の違いが大きいですね。

　それに加えて，裁判所は，コロナ禍で一般的に外食に出かける人が減っていたことや，チェーン店であることを理由にした点数引き下げ以外の，従来から公表されていた投稿者の影響度を踏まえたアルゴリズムの変更による引下げの部分もあることを指摘して，優越的地位の濫用に当たるとされたアルゴリズムの変更と相当な因果関係にある損害は，3840万円だと認定したようです。

　食べログのおかげで飲食店側も儲かっている面もあるからという理由で，金額を調整しているわけではありません。プラットフォームというのは，出店事業者にも，利用する消費者にも，さらにプラットフォーム経営事業者にも利益になる有益なビジネス形態だということが大前提です。その上で，プラットフォーム側が優越的地位に立つことが多いので，それを濫用させないようにというのが独占禁止法や，先に紹介したデジタルプラットフォーム取引透明化法の立場だからです。

　この事件でもう1点興味深いのは，食べログと店舗会員の登録をした飲食店との間で結ばれた規約に次のような免責条項が入っていた点です。すなわち，食べログ側は，店舗会員が食べログへの情報掲載に関して被った損害について賠償する責任を負わないとか，本件サービスの提供に関連する一切の行為について，店舗会員に対して，その法的根拠いかんにかかわらず一切の損害賠償支払義務を負わないとする条項です。

　食べログ側は，この条項を根拠に損害賠償責任を否定したのですが，裁判所は，食べログのような飲食店情報サービスでは，多様な情報が不特定多数の人に対して発信されることから，食べログ側において常に飲食店に関する各種情報または口コミ内容の虚偽や不正等によって店舗会員が損害を被らないよう注意を払うことを期待するのが酷であり，かつサイトの性質上，損害賠償の範囲が無制限に拡大したり，賠償額が巨額に上ったりすることもありえることを考慮して設けられたものであると解釈しました。そうだとすると，食べログ側に故意または重大な過失がある場合にまで，免責条項により損害賠償義務が免除されたり，賠償範囲が制限されたりすること

は，著しく不公平だとして，本件のような場合には適用されないと判断しています[38]。

(6) 国境を越えた取引

キタミ：すでに発生したトラブルの解決云々については，越境消費者センターのような国際的協力関係が，完全ではないにしてもあります。では，その解決のためのルールについても，ある程度，国際的に統一していくことが必要ではないかと思うんですが，その辺の取り組みはどうなっていますか。

松本：ヨーロッパでは，EUとしての単一市場ということを非常に重視しているから，消費者保護についてもルールを調和させ，統一するということで，指令（directive）や規則（regulation）といった法律をたくさんつくっています。指令というのは，加盟国がその内容を，それぞれの国の法律として，既存の法体系なども考慮しながら，国内法化しなければならないというものです。規則は，加盟国が国内法化する必要なしに，加盟国の行政や加盟国内で活動する事業者，消費者にそのままの形で直接適用される法律です。

　EU以外では，それぞれの国が立法に関する主権をもっているので，なかなか，そう簡単に同じルールでということにはなりません。

　ただし，国際的な商取引の分野では，国連国際商取引法委員会（UNCITRAL）という国際機関があって，いろいろな統一ルールが作成されてきています。

　しかし，消費者保護の分野では，先ほど紹介したOECDのいくつかのガイドラインは，各国が消費者政策を進めていく場合の基本

的な考え方を示すものにすぎません。だからまだ国際的な統一ルールにははるかに遠いです。また，国連にも，国連消費者保護ガイドラインがあります。これは，1985年の国連総会で採択されたものが最初のバージョンで，その後，1999年と2015年に改訂されていますが[39]，やはり基本原則を示す内容にとどまっています。2015年の改訂にあたって，同ガイドラインにより満たすことが意図される正当な必要性の1つとして，「脆弱及び不利な状況におかれた消費者（vulnerable and disadvantaged consumers）の保護」が掲げられて，いくつかの施策がこれに関連づけられて提案されていることが注目されます。

コマザワ：中国関連の消費者問題というのはどういう感じでしょうか。

松本：講義の中で，Amazonに関する東京地裁の判決として紹介したように，日本の消費者として，中国側の事業者と連絡がついて，一定の対応をしてもらえれば，救済につながるところもあるのですが，国民生活センターや地方の消費生活センターとしては，手の打ちようがないという感じです。

中国では，各地方に，それぞれ消費者協会という名前の組織があり，行政の出先機関のような役割や，消費者団体的な役割や消費生活センターのような役割などを果たしているので，そういう各地方の組織と話し合ってくれというんです。

北京には，中国消費者協会という，中国政府と半官半民のような団体があるので，そことパイプをつくれれば，全国各地の消費者協会とつないでくれるのではないかと期待して，以前，そこを訪問して協力の話を持ち出したことがあります。しかし，前述のような説

明で，各地の消費者協会と直接話をしてくれと言われて，なかなか進まないという感じです。政府のもっと上の方に依頼すれば，よいのかもしれません。

（7）むすび ── 輸入された法律と法整備支援

クラマエ：包括的な感想ですが，日本の民法は，それぞれの国ごとで実情が違うにもかかわらず，条約改正といった理由で外国法をひっぱってきてしまったから，表面的な継受になってしまったということを最初にお話しなさっていたと思います。当時と違って，現在のグローバリゼーションというのは，人々が国境を越えて行き来しているのだから，社会の基盤自体がグローバルなものになるので，どちらかと言えば，統一した法が元になっていると考えてもおかしくないのかなと思っていたら，実際そうではなくて結構違うというお話で衝撃でした。

松本：100数十年前のグローバリゼーションと現在のグローバリゼーションとの違いは，法律がグローバル化しているかどうかではなくて，経済のグローバル化の中で消費者が個人レベルでも海外の事業者と直接取引ができ，国境を簡単に越えられるようになってきたということにあります。インターネットとデジタル化のおかげで，個人も加わった経済のグローバル化が進んでいるということが，大きく異なっている点です。

　法律の世界でみると，海外の法律を日本に輸入してきたという意味のグローバル化は，すでに実現しています。外国の法律を参考にして，まったく同じということではないけれども，海外の優れたものを持ってくるという意味の，制度のグローバル化は実行した。経

済的にグローバル化が進んで，各国の経済の相互依存性も高まっている中で，法律がバラバラというのは何かと不便なので，一本化する方がいいのでしょうが，EU を別にすれば，主権国家はまだ健在だから，法律がバラバラという状況はあまり変わっていないということです。

クラマエ：以前は，日本の法は社会に合っていないものが多かったので，社会に根差した他の国の法と比較するところに意味があったと思いますが，今のグローバル化した社会において，ヨーロッパの法，アメリカの法を見てみても，社会の実情を踏まえない程度でいったら，日本とそんなに変わらないような気もします。今でも，外国法を知る必要，そこに良さを感じる部分があるのでしょうか。

松本：大村先生がいつもおっしゃっていることですが，フランス民法というのは，フランスの市民社会をつくっている基本法，憲法のようなものだと。

　日本の民法は，そういう市民社会の根っこに通じるようなものではなくて，もうちょっとテクニカルな感じのものなんです。だから逆に言えば，日本の社会の実情に合うように，どんどん変えていってもよいのかもしれない。法律の方を，社会に適応させる。グローバル化した社会ということであれば，海外の制度をもっと参考にしてもいい。日本の民法の根っこはこういう点にあるという議論を，あまりしなくてもいいので，その分，一番良いと思えるものを採用しやすいでしょう。ただし，現在の民法を 120 年余り運用してきた伝統があるから，それとまったく無関係に，全然違う国の制度を持ってきてやれるかというと，そうでもない。そこが難しいところですが，法務省の行政官や研究者が，うまく論理操作をして，着地

させる，というような感じでやれればいいですね。

大村：最後に，お礼をかねて，少しだけ感想を申し上げます。質疑応答でも話題になった点ですが，グローバリゼーションという現象を，新旧に対比して頂いたことによって，歴史的なパースペクティブを導入したかたちで現在の問題を位置付けて頂くとともに，皆さんが関心を持つような，ネット上のさまざまな問題など現実の問題と，それに対する規律の問題について，ご自身がそれに関わってつくってきたご経験も交えて，「こういうことは松本先生でないとわからない」というお話をたくさんしていただいて，とても有益だったと思います。

　また，これも質疑応答ともかかわりますが，今日のお話の中では，ヨーロッパとアメリカの双方を視野に入れたうえで，そこに共通な面と違う面があることを教えていただきました。グローバリゼーションが進んで全てが均質化されたのかというと，共通の問題に直面しているので大きな意味では共通の方向に進むということはあるとしても，私たちの社会として具体的にどこにどうやって進んでいくのかということは，欧米を見ながら，あるいは，今日も話題になった東アジア，東南アジアも見ながら，私たちが考えていく必要があるということが，よくわかったのではないかと思います。

松本：一点追加させていただきます。

　日本は，海外の民法を明治時代に輸入しましたけれども，今度は，日本が，東南アジアの発展途上国において，民法をつくったり，改正したりするお手伝いを，ここ 20 年以上行っています[40]。

　私も，90 年代の終わりころから，ベトナムの民法改正とカンボジアの民法制定を支援する作業にかなり積極的に関与してきまし

た。その際に感じたのは，たとえば，カンボジアの民法は，何もな
いところからつくったのですが，つくって，「はい，どうぞ」とお
渡しするだけではだめなんです。それを，カンボジアの法律家が使
えるようにならないとだめだし，さらに，その法律の不都合なとこ
ろ，おかしなところは，自分で考えて改正できるようにならないと
だめだということをものすごく実感しているんです[41]。

　実際に使ってみて，不都合なところや，おかしなところは変えて
いくことが必要です。日本側の支援チームも，カンボジア側のニー
ズをいろいろ聞いたうえで，「こういう点はいらない」，「これは必
要だ」ということで起草したのですが，やはり不十分なところがた
くさんあります。登記を所管しているのが，日本の支援先の司法省
ではなく，国土管理都市計画建設省であったこともあり，不動産取
引と登記の関係などが十分に把握できないままに民法をつくったこ
ともあって，現在も不動産についての権利変動と登記の関係は，大
きな問題として残っています。

　そういうことを考えると，「法律づくりというのは，実際は人づ
くりだ」という実感を切実に持っています。法律を使いこなせる人
をつくらないと，意味がない。「自分で法律を改正できるようなと
ころまでいかないと，だめじゃないか」ということです。日本も，
民法改正を少しずつ重ねてきて，2017 年にかなり大きな改正をす
るところまで到達できたということかと思います。

大村：ありがとうございました。実はこのセミナーでは，カンボジ
アのことも時々話題にしました。ここの人たちはたぶん，私の話を
聞き，松本先生の話を聞いて，カンボジアに特別な興味を持ったの
ではないかと思います。私たちにとって，カンボジアは，自分たち

を見直すときの良い鏡になっているように思います。

松本：カンボジアは 19 世紀からフランス領インドシナの一部だったので，もともとフランス民法のカンボジア版のようなものがありました。1953 年の独立後，シハヌーク政権時代の 1964 年に，フランス民法をもとにして，若干のカンボジア特有の規定を加えた民法（旧民法）が制定されています[42]。その後の内戦を経て権力を握ったクメール・ルージュのポル・ポト政権は，原始共産制の理念の下にすべての法律を廃止するとともに，土地の私的所有権も廃止してしまいました。ポル・ポト政権崩壊後の国連暫定統治を経て，1993年にカンボジア王国として国家が再建され，その後，日本やアジア開発銀行その他が法整備支援に入ったという，複雑なところがあります。日本側支援チームとして，フランス法的な名残を残しつつ，現代的なものをいかに入れていくかということを重視して，民法の中に，日本の民法のような詳細な「総則」は置かないという形にしました。このような点では，日本が，ボワソナードによるフランス民法をモデルにした旧民法を，施行はされなかったものの，一応経験しているということがメリットとしてありました。

　ドイツ法的なかたちの民法，共通のルールは総則として前へ，前へともってくるという，いわゆるパンデクテン・システムと呼ばれているものは，非常にロジカルで，独自の意味があるのだけれども，あまりにもプロ向けの仕様で，使いこなしにくいということで，総則の規定の大部分は契約法のところに持って行きました[43]。

大村：ありがとうございました。編別について，小さな総則の方が良いのではないかということも話題にしましたので，今のお話もそれと呼応するところがあったかと思います。

第5章 質疑応答

　先生，猛暑の中をお越し頂きまして，有難うございました。改め
てお礼を申し上げます。

〈注〉

■ 第 1 章 ─────────────────────────────────

(1)　詳しくは，松本恒雄「日本の法科大学院制度と新司法試験及び予備試験の現状と展望」一橋法学 12 巻 1 号（2013 年）1 頁 <https://hermes-ir.lib.hit-u.ac.jp/hermes/ir/re/25541/hogaku0120100010.pdf> 参照。

(2)　法律学における議論の重要性については，平井宜雄『法律学基礎論の研究 ── 平井宜雄著作集 1』（有斐閣，2010 年）参照。

(3)　江戸末期から明治初期の日本人留学生の活躍については，内田貴『高校生のための法学入門 ── 法学とはどんな学問なのか ── 』（信山社民法レクチャーシリーズ，2022 年）51 頁以下参照。

(4)　池田眞朗『ボワソナード』（山川出版社日本史リブレット，2022 年）。本格的なボワソナード研究としては，池田眞朗『ボワソナードとその民法【増補完結版】』（慶應義塾大学出版会，2021 年）がある。

(5)　平井宜雄『損害賠償法の理論』（東京大学出版会，1971 年）参照。

(6)　学説継受については，北川善太郎『日本法学の歴史と理論 ── 民法学を中心として』（日本評論社，1968 年）参照。

(7)　民法の三層構造については，松本恒雄「債権法序論」鎌田薫＝松本恒雄＝野澤正充編『新基本法コンメンタール　債権 1』（日本評論社，2021 年）2 頁参照。

(8)　星野英一「日本民法典に与えたフランス民法の影響 ── 1 ── 」日仏法学 3 号（1965 年）1 頁（星野英一『民法論集第一巻』（有斐閣，1970 年）所収）参照。

■ 第 2 章 ─────────────────────────────────

(9)　消費者庁設置のいきさつと意義については，松本恒雄「『消費者行政の一元化』の文脈」原早苗＝木村茂樹編『消費者庁・消費者委員会創設に込めた想い』139 頁（商事法務，2017 年）および同書所収の論説・資料参照。

(10)　能見善久『法の世界における人と物の区別』（信山社民法レクチャーシリーズ，2022 年）参照。

(11)　東京地裁判決平成 30 年 5 月 25 日判例タイムズ 1469 号 240 頁。

(12)　令和 4 年版の準則全文については，<https://www.meti.go.jp/policy/it_policy/ec/20220401-1.pdf> 参照。

■ **第 3 章**

(13)　<https://www.kokusen.go.jp/news/data/n-20220228_1.html>。

(14)　<https://www.pref.osaka.lg.jp/shouhi/keihatsu/kyouzai28.html>。

(15)　この教材を利用して，教員免許の更新のための研修を行った際の講義録が，松本恒雄「インターネット利用に伴う消費者問題の現状」桃山法学 32 号（2020 年）1 頁である。

(16)　この勧告の非公式翻訳として，<https://www.caa.go.jp/policies/policy/consumer_research/international_affairs/assets/consumer_research_cms209_221130_01.pdf> がある。また，この勧告の 2022 年版実施状況報告書の非公式翻訳として，<https://www.caa.go.jp/policies/policy/consumer_research/international_affairs/assets/consumer_research_cms209_221130_02.pdf> がある。

(17)　松本恒雄ほか「特報・EU と日本におけるデジタル・コンテンツ及びデジタル・サービス供給契約法制の比較と課題」Law & Technology 89 号（2020 年）65 頁以下参照。

(18)　松本ほか・前掲特報（注 17）参照。

(19)　<https://www.caa.go.jp/policies/policy/representation/fair_labeling/guideline/pdf/100121premiums_38.pdf>。

(20)　アフィリエイト広告については，「特集　アフィリエイト広告をめぐる問題」（ウェブ版国民生活 2022 年 2 月号，<https://www.kokusen.go.jp/wko/data/wko-202202.html>）の諸論文参照。また，2022 年 2 月には，消費者庁のアフィリエイト広告等に関する検討会から，「アフィリエイト広告等に関する検討会　報告書」が公表されている（<https://www.caa.go.jp/policies/policy/representation/meeting_materials/review_meeting_003/assets/representation_cms216_220215_01.pdf>）。さらに，本講義直後の 2022 年 6 月 29 日付けで，アフィリエイト広告についての記述を加えた「インターネット消費者取引に係る広告表示に関する景品表示法上の問題点及び留意事項」の改訂版が消費者庁から公表された（<https://www.caa.go.jp/policies/policy/representation/fair_labeling/guideline/assets/representation_cms216_220629_07.pdf>）。

(21)　本講義後の 2022 年 12 月には，消費者庁のステルスマーケティングに関

する検討会から「ステルスマーケティングに関する検討会　報告書」が出されている（<https://www.caa.go.jp/policies/policy/representation/meeting_materials/review_meeting_005/assets/representation_cms216_221228_03.pdf>）。

(22)　OECD, "Roundtable on Dark Commercial Patterns Online, Summary of Discussion", <https://www.oecd.org/officialdocuments/publicdisplaydocumentpdf/?cote=DSTI/CP（2020）23/FINAL&docLanguage=En>。

(23)　東京地裁判決令和4年4月15日 <https://www.courts.go.jp/app/files/hanrei_jp/198/091198_hanrei.pdf>。東京高裁判決令和5年1月17日は原告の控訴を棄却した。

(24)　各判決の簡単な紹介として，朝見行弘「デジタルプラットフォーム責任(1)──アメリカにおける裁判例」ウェブ版国民生活2022年2月号35頁 <https://www.kokusen.go.jp/wko/pdf/wko-202202_15.pdf> 参照。

(25)　東京地裁判決令和4年6月16日判例集未登載。

(26)　本講義後の2022年10月には，デジタルプラットフォーム取引透明化法に基づき，メディア一体型広告デジタルプラットフォームの運営事業者（自社の検索サービスやポータルサイト，SNS等に，主としてオークション方式で決定された広告主の広告を掲載する類型）として，Google, Meta（Facebook），ヤフーが指定され，また，広告仲介型デジタルプラットフォームの運営事業者（広告主とその広告を掲載するウェブサイト等運営者＝媒体主を，主としてオークション方式で仲介する類型）として，Google がそれぞれ指定された。今後，デジタル広告市場においても透明性が出てくることが期待される。

■第4章

(27)　<https://www.moj.go.jp/content/001370368.pdf>。

(28)　このガイドラインの仮訳として，<https://www.caa.go.jp/policies/policy/consumer_policy/international_affairs/assets/consumer_policy_cms105_200821_03.pdf> がある。

(29)　MRI事件については，五十嵐潤ほか「【特集2】MRI事件をもとに違法収益吐き出し法制を考える」現代消費者法46号（2020年）73頁以下参照。

■第5章

(30)　松本恒雄「ケネディ大統領の消費者教書と日本における消費者の権利の

ための闘い」消費者法ニュース 108 号（2016 年）246 頁参照。

(31)　<https://www.kokusen.go.jp/news/data/n-20190725_1.html> 参照。

(32)　本講義後に発生した安倍元首相銃撃事件をきっかけにした霊感商法問題の再燃を受けて，宗教法人を含む法人への寄附の勧誘を適正化するために，「法人等による寄附の不当な勧誘の防止等に関する法律」（寄附不当勧誘防止法）が 2022 年 12 月に成立し，2023 年 1 月から施行されている。

(33)　霊感商法で勧誘されて，本人自身は満足して法人への寄附・献金を何年にもわたって継続して行っているという場合，すなわちマインドコントロール状態にある場合の寄附について，消費者契約法の霊感商法の規定が適用可能なのかどうかが，2022 年の臨時国会でも議論されたが，取消しを認めることは容易ではないと思われる。

(34)　最高裁判決令和 4 年 6 月 24 日 <https://www.courts.go.jp/app/hanrei_jp/detail2?id=91265>。

(35)　最高裁判決平成 29 年 1 月 31 日民集 71 巻 1 号 63 頁 <https://www.courts.go.jp/app/hanrei_jp/detail2?id=86482>。

(36)　OECD が，「デジタル環境における子どもに関する理事会勧告」を 2021 年に採択している。関連資料も合わせた日本語訳として，齋藤長行＝新垣円訳『デジタル環境の子どもたち』（明石書店，2022 年）参照。

(37)　国際 NGO であるセーブ・ザ・チルドレン・ジャパンとグローバル・コンパクト・ネットワーク・ジャパンが有識者を含めて作成した「子どもに影響のある広告およびマーケティングに関するガイドライン」は，2016 年に公表されたものであるが，デジタル環境の進展に合わせて，「インターネットを利用した広告およびマーケティングにおける留意点」を新たに加えた増補版が，2023 年 3 月に公表された（<https://www.savechildren.or.jp/partnership/crbp/pdf/fm2023.pdf>）。

(38)　この点は，食べログの規約のような定型約款の合意の効力の問題（民法548 条の 2 第 2 項）の問題とも関係してくる。

(39)　2015 年改訂ガイドラインの仮訳として，<https://www.caa.go.jp/policies/policy/consumer_policy/international_affairs/pdf/160729hogo-kariyaku.pdf> がある。

(40)　松本恒雄「インドシナ諸国における民法典の整備と開発 ── 民事法整備

　支援への参加を通じて感じたこと」一橋法学1巻（2002年）390頁 <https://hermes-ir.lib.hit-u.ac.jp/hermes/ir/re/8805/hogaku0010200770.pdf> 参照。

（41）　松本恒雄「カンボジア民法典の制定とその特色」ジュリスト1406号（2010年）79頁，松本恒雄「適用を開始したカンボジア民法とその課題」アジア法研究6号（2013年）147頁参照。

（42）　フランス保護領時代の1920年にフランス法にならった民法典（旧民法）が民事訴訟法典と一体化されて公布されているが，国民の間には浸透しなかった（傘谷祐之「植民地期カンボジアにおける法典編纂（3）」ICD NEWS 86号（2021年）20頁 <https://www.moj.go.jp/content/001343981.pdf>）。

（43）　2007年に公布され，2011年から適用を開始されているカンボジア王国民法典の日本語訳と日本の支援チームが作成した条文の注釈については，カンボジア司法省の <https://moj.gov.kh/files/user-folder/Media-Law/Civil-Law/Law_030_1207_JP.pdf> で公開されている。

〈著者紹介〉

松本 恒雄（まつもと　つねお）

1974 年　京都大学法学部卒業

1974 年～79 年　京都大学大学院法学研究科修士課程・博士課程・法学
　部助手

1979 年～91 年　広島大学法学部助教授・大阪市立大学法学部教授

1991 年～2013 年　一橋大学法学部教授

2013 年～20 年　独立行政法人国民生活センター理事長

現在　一橋大学名誉教授・明治学院大学客員教授・弁護士

『消費者被害の救済と抑止』（信山社，2020 年，編著）

『新しい消費者契約法・消費者裁判特例法』（三省堂，2023 年，上原敏夫
氏と共著）

民法研究 レクチャーシリーズ

グローバリゼーションの中の消費者法

2023（令和 5 ）年 3 月 25 日　第 1 版第 1 刷発行

©著者　松　本　恒　雄

発行者　今　井　　　貴
　　　　稲　葉　文　子

発行所　㈱　信　山　社

〒 113-0033 東京都文京区本郷6-2-102
電話 03（3818）1019　FAX 03（3818）0344
info@shinzansha.co.jp

Printed in Japan, 2023　　　　印刷・製本／藤原印刷株式会社

ISBN 978-4-7972-1134-4 C3332 ￥1400E

JCOPY 〈(社)出版者著作権管理機構 委託出版物〉
本書の無断複写は著作権法上での例外を除き禁じられています。複写される場合は，
そのつど事前に，(社)出版者著作権管理機構（電話03-5244-5088，FAX03-5244-5089，
e-mail: info@jcopy.or.jp）の許諾を得てください。また，本書を代行業者等の第三者に
依頼してスキャニング等の行為によりデジタル化することは，個人の家庭内利用であっ
ても，一切認められておりません。

民法研究レクチャー・シリーズの創刊にあたって

　平成の30年間は民法改正の時代であり，その末年には債権や相続，成年年齢や特別養子に関する改正法が次々と成立し，民法典はその姿を大きく変えた。また重要な新判例も次々と現れており，学納金事件，住友信託対UFJ，NHK受信契約，JR東海事件，代理懐胎，非嫡出子の相続分，預貯金債権の取扱いなど，社会的に大きな注目を集めた事件も少なくない。

　こうした民法の変化の中に時代の変化を汲み取りつつ，民法学がなしうる・なすべきことを示すことによって，法学研究者や法律実務家に限らず，法学を学習する人々，さらには一般の市民の方々にも民法・民法学に関心を持っていただくことができるのではないか。そのためには，平成の30年間を通じて民法学界の第一線で研究を続けてこられた方々にお願いして，広い範囲の聴衆に対して，大きな問題をわかりやすく，しかし高いレベルを維持しつつお話ししていただくのがよいのではないかと考えて，本シリーズを創刊することとした。執筆をお願いした方々には，法学に関心を持つ少人数の高校生を相手にお話をいただき，これをもとに原稿を書いていただいたので，「民法研究レクチャー・シリーズ」と名づけることにした。

　『民法研究』は，広中俊雄博士によって創刊・編集されて，第1号から第7号まで（1996年〜2011年）が刊行された。一時中断の後に第2集の刊行が始まり，現在のまでのところ，東アジア編として第1号から第9号まで（2016年〜2020年）が刊行されている。これとは別にフランス編（ただし不定期）の刊行準備も進みつつある。そこでしばらく前から，広中先生と

のお約束であった理論編を企画したいと考えて始めていたが，「民法研究レクチャー・シリーズ」はこの理論編に相当するものとして立案したものである。

　2021年3月，瀬川信久先生のレクチャーからスタートした本シリーズは，2022年6月，8月には相次いで，内田貴先生，能見善久先生のレクチャーを刊行，そして今回，松本恒雄先生の『グローバリゼーションの中の消費者法』を刊行することができた。1970年代後半から消費者法は民法理論の牽引・更新に大きな役割を果たしてきたが，この半世紀の後半は，同時にグローバリゼーションが進んだ時代でもあった。次々と現れる問題に，法や法学はいかに対応してきたか。こうした大きな関心に立脚しつつ，現代的な諸問題を取り上げた松本先生のお話はレクチャーの聴講者の関心を大いに刺激し，当日は多数の質問・発言がなされた。

　本書の刊行によって，第1期として予定していた1950年前後にお生まれの先生方のレクチャー・シリーズは，（あと1冊，外国からのゲスト・スピーカーのご著書が現在進行中であるが）予想以上のスピードでほぼ完成することとなった。ご多忙のなか熱意をもってお話いただき，また，迅速に原稿を完成させてくださった先生方に，改めてお礼を申し上げたい。引き続き第2期として，1960年前後にお生まれの方々をお招きし，お話を伺うことを予定しているので，ご期待をいただきたい。

　2020年12月／2023年1月

　　　　　　　　　　　　　　　　大　村　敦　志

現代選書シリーズ

未来へ向けた、学際的な議論のために、
その土台となる共通知識を学ぶ

信山社

◆ 信山社ブックレット ◆

個人情報保護法改正に自治体はどう向き合うべきか
　　／日本弁護士連合会情報問題対策委員会 編

情報システムの標準化・共同化を自治の視点から考える
　　／日本弁護士連合会公害対策・環境保全委員会 編

女性の参画が政治を変える──候補者均等法の活かし方
　　／辻村みよ子・三浦まり・糠塚康江 編著

＜災害と法＞ ど〜する防災【土砂災害編】／【風害編】
　　【地震・津波編】／【水害編】／【火山災害編】
　　／村中洋介

ど〜する海洋プラスチック（改訂増補第2版）
　　／西尾哲茂

求められる法教育とは何か／加賀山茂

核軍縮は可能か／黒澤満

検証可能な朝鮮半島非核化は実現できるか
　　／一政祐行

国連って誰のことですか──巨大組織を知るリアルガイド
　　／岩谷暢子

国際機関のリーガル・アドバイザー ── 国際枠組みを動
　　かすプロフェッショナルの世界／吉田晶子

信山社

民法研究（第2集）東アジア編

大村敦志 責任編集

◆ 民法研究レクチャーシリーズ ◆

不法行為法における法と社会
― JR東海事件から考える ―

瀬川 信久

高校生のための法学入門
― 法学とはどんな学問なのか ―

内田　貴

法の世界における人と物の区別

能見 善久

消費者被害の救済と抑止―国際比較からみる多様性

松本恒雄 編

判例プラクティス民法Ⅰ　総則・物権（第2版）
　松本恒雄・潮見佳男・下村信江 編
判例プラクティス民法Ⅱ　債権
　松本恒雄・潮見佳男 編
判例プラクティス民法Ⅲ　親族・相続（第2版）
　松本恒雄・潮見佳男・羽生香織 編

信山社